BEI GRIN MACHT SICH IHR WISSEN BEZAHLT

Bibliografische Information der Deutschen Nationalbibliothek:

Die Deutsche Bibliothek verzeichnet diese Publikation in der Deutschen National-
bibliografie; detaillierte bibliografische Daten sind im Internet über http://dnb.d-
nb.de/ abrufbar.

Impressum:

Copyright © 2016 GRIN Verlag, Open Publishing GmbH
Druck und Bindung: Books on Demand GmbH, Norderstedt Germany
ISBN: 9783668462700

Dieses Buch bei GRIN:

http://www.grin.com/de/e-book/365250/studie-ueber-die-investitionsaufwendungen-
fuer-energieeffizienzmassnahmen

Anton Krinner

Studie über die Investitionsaufwendungen für Energieeffizienzmaßnahmen im Vergleich zu anderen Optimierungsmaßnahmen

GRIN Verlag

GRIN - Your knowledge has value

Der GRIN Verlag publiziert seit 1998 wissenschaftliche Arbeiten von Studenten, Hochschullehrern und anderen Akademikern als eBook und gedrucktes Buch. Die Verlagswebsite www.grin.com ist die ideale Plattform zur Veröffentlichung von Hausarbeiten, Abschlussarbeiten, wissenschaftlichen Aufsätzen, Dissertationen und Fachbüchern.

Besuchen Sie uns im Internet:

http://www.grin.com/

http://www.facebook.com/grincom

http://www.twitter.com/grin_com

Inhaltsverzeichnis

Abbildungsverzeichnis

Tabellenverzeichnis

Abkürzungsverzeichnis

AA	Absolute Any
AHP	Analytic Hierarchy Process
ANP	Analytic Network Process
AT	Absolute Top
BDI	Bundesverband der deutschen Industrie
CI	Consistency Index
CR	Consistency Ratio
Dena	Deutsche Energie-Agentur
EEP	Energieeffizienz in der Produktion
LED	Light Emitting Diode
MCDA	Multi Criteria Decision Analysis
MCDM	Multi Criteria Decision Making
PA	Percent Any
PT	Percent Top
RI	Random Index

1   Einleitung und Zielstellung

Energieeffizienz ist heutzutage nicht nur im privaten und staatlichen Raum ein sehr populäres Thema, sondern wird auch in sehr kleinen bis großen Unternehmen stark diskutiert. Neben den Einsparungen, die durch Energieeffizienzmaßnahmen in den Unternehmen erreicht werden können, leistet die Energieeffizienz einen wichtigen Beitrag zum Umweltschutz. Bereits viele kleine Maßnahmen können eine positive Wirkung auf die Umwelt haben. Es ist zu erkennen, wie bedeutend dieses Thema ist. Daher ist es wichtig, Energieeffizienz in Unternehmen und die Umsetzung entsprechender Maßnahmen zu untersuchen.

1.1   Motivation

Die Energiepreise und -kosten der Industrie sind in den letzten Jahren kontinuierlich angestiegen (s. Abbildung 1 und Abbildung 2) [24] und obwohl angenommen wird, dass die Preise kurzfristig stagnieren, wird davon ausgegangen, dass diese langfristig weiter steigen werden [45]. Viele Unternehmen sind sogar der Meinung, dass die hohen Rohstoff- und Energiekosten jetzt schon negative Auswirkungen haben [94]. Eine Lösung für diese Problematik sind Einsparungen beim Energieverbrauch, auch unter dem Aspekt, dass andere zeitökonomische Rationalisierungspotenziale in der Produktion zunehmend erschöpft sind. Zeitökonomische Rationalisierungspotenziale sind unter anderem die Optimierung der Durchlaufzeiten, der Bestände und der Arbeitsintensitäten sowie die Erhöhung der Geschwindigkeit bei der Bearbeitung, beim Transport und bei der Handhabung der Werkstücke [85].

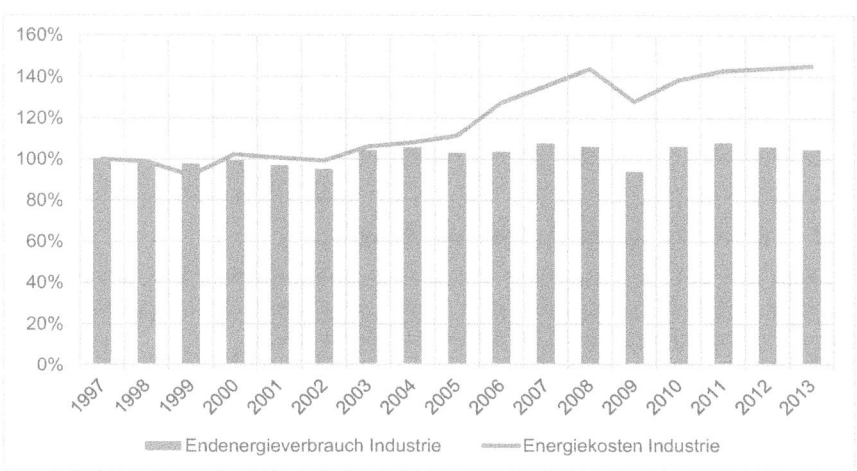

Abbildung 1: Entwicklung der Energiekosten und des -verbrauchs in der Industrie [24]

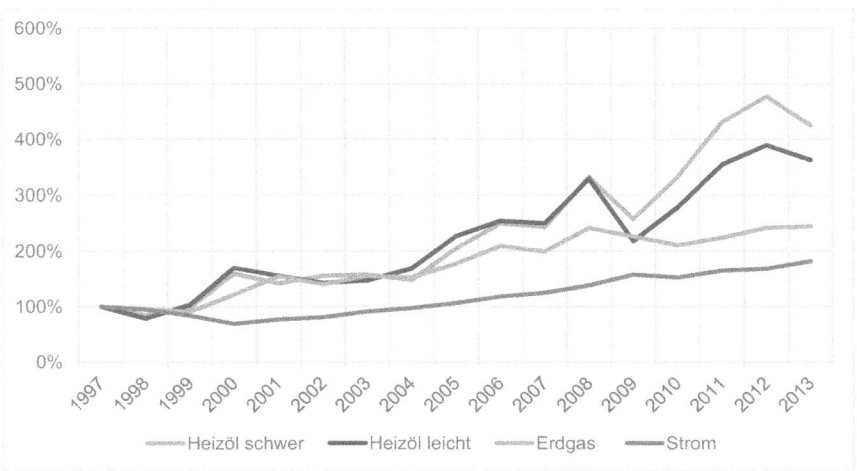

Abbildung 2: Preisentwicklung ausgewählter Energieträger in der Industrie [24]

Beim Energie- und Ressourcenverbrauch bestehen große Einsparpotenziale [13; 12; 90], die sich zum Teil mit geringem Aufwand erschließen lassen [85]. Energieeffizienz kann also ein entscheidender Wettbewerbsfaktor sein. Das Thema Energieeffizienz wird aber vernachlässigt [85]. Zahlreiche Barrieren, die im späteren Verlauf erläutert werden, verhindern die Umsetzung entsprechender Maßnahmen [42; 57; 69; 97; 114; 125; 126; 129].

Das heißt, dass bei der Wahl der Fertigungsprozesse der Energieverbrauch nicht an erster Stelle steht. Andere Kriterien, wie Produktivität, Qualität, Materialkosten und Durchlaufzeiten, entscheiden über die Verfahrensauswahl [17].

1.2   Zielsetzung und Aufbau der Arbeit

Es stellt sich nun die Frage, welche Priorität die Energieeffizienz bei Investitionen in Optimierungsmaßnahmen in der Industrie (produzierendes Gewerbe) genießt und wie diese im Vergleich zu anderen Bereichen priorisiert wird.

Ziel der Arbeit ist es, diese Frage zu beantworten. Dazu wird definiert, welche Optimierungsbereiche zum Vergleich herangezogen werden müssen und welche Kriterien bei der Entscheidung eine Rolle spielen. Durch eine Befragung (basierend auf den definierten Alternativen und Kriterien) von Personen aus der Industrie werden die jeweiligen Prioritäten ermittelt, untersucht und interpretiert.

Für ein prinzipielles Verständnis der Zusammenhänge werden im ersten Abschnitt dieser Arbeit (Kapitel 2) die grundlegenden Begriffe definiert sowie Energieeffizienzmaßnahmen und deren Hemmnisse erläutert.

Nachfolgend (Kapitel 3) wird darauf eingegangen, wie das Investitionsverhalten von Unternehmen im Allgemeinen und in Bezug auf Energieeffizienzmaßnahmen ist.

In Kapitel 4 wird der Befragungsprozess erläutert, kritisch diskutiert und das Vorgehen bei der Untersuchung dargelegt. Zusätzlich beinhaltet es die Auswertung der erhaltenen Ergebnisse.

In Kapitel 5 werden diese Ergebnisse diskutiert. Im letzten Kapitel (Kapitel 6) finden sich eine Zusammenfassung der vorliegenden Arbeit und ein Ausblick auf zukünftige Forschungsgebiete.

2 Theoretischer Hintergrund

Im folgenden Kapitel werden zunächst die wichtigsten Begriffe, die mit Energieeffizienzinvestitionen in Unternehmen im Zusammenhang stehen, erläutert. Zusätzlich werden Begriffe definiert, die im späteren Verlauf im Rahmen der Empirie von Bedeutung sind. Im Anschluss daran wird darauf eingegangen, welche Möglichkeiten existieren, um Energieeffizienz zu erreichen, und welche Barrieren die Umsetzung verhindern.

2.1 Grundlegende Begriffsdefinitionen

Die Definition der folgenden Begriffe ist wichtig, um eine einheitliche Datenbasis zu schaffen. Sie werden dabei zusätzlich durch weiterführende Literatur ergänzt.

Investitionen

In der Literatur existiert keine einheitliche Definition dieses Begriffes. Die Definitionen ähneln sich aber sehr stark [117]. In dieser Arbeit werden Investitionen als zielgerichtete langfristige Kapitalbindungen, also die Bindung finanzieller Mittel in materiellen oder immateriellen Vermögensgegenständen zur Erwirtschaftung zukünftiger Erträge, verstanden [55; 50].

Energieeffizienz

Energieeffizienz beschreibt hier den Versuch, bei möglichst geringem Energieeinsatz eine größtmögliche Ausbringungsmenge zu erzeugen. Ein effizienter Einsatz von Energie kann entweder durch technologischen Fortschritt, menschliche Handlungsweisen oder die Substitution von Brennstoffen erfolgen [12; 85].

Barriere

Eine Barriere ist hier ein Mechanismus, der Investitionen in Technologien verhindert, die sowohl Energieeffizienz als auch eine hohe ökonomische Effizienz aufweisen [125; 42].

Technologie

In der deutschsprachigen Fachliteratur wird der Begriff Technologie vom Begriff Technik abgegrenzt. Dabei wird Technologie in der Regel als ein wissenschaftlich fundiertes Wissen über Ziel-Mittel-Beziehungen verstanden, mit dem technische Probleme gelöst werden können. Das technologische Wissen manifestiert sich also in Form der Technik [23; 46].

Im englischsprachigen Raum wird die Trennung zwischen der immateriellen Technologie und der materiellen Technik nicht konsequent durchgeführt. Auch aus betriebswirtschaftlicher Sicht ist eine Trennung nicht von Bedeutung, da Unternehmen Technologien unter dem Gesichtspunkt der technischen Umsetzbarkeit betrachten. Tatsächlich sind die Übergänge zwischen beiden Begriffen fließend [46]. In dieser Arbeit wird daher unter dem Begriff Technologie der Begriff Technik mit einbezogen.

Qualität

Qualität ist der „Grad, in dem ein Satz inhärenter Merkmale eines Objektes Anforderungen erfüllt" [95]. Das bedeutet, dass Qualität darüber Auskunft gibt, in welchem Maße ein Produkt, eine Ware oder Dienstleistung bestimmte Anforderungen erfüllt. Daher kann der Begriff zusammen mit Adjektiven wie schlecht, gut oder ausgezeichnet verwendet werden. Inhärent bedeutet hier dem Objekt innewohnend und bezeichnet unter anderem Länge, Breite, Höhe, Gewicht etc.

Ein Unternehmen, das auf Qualität ausgerichtet ist, hat zum Ziel, dass Produkte sowie Dienstleistungen ihre vorgesehene Funktion sowie Leistung erfüllen. Relevant sind dabei auch der wahrgenommene Wert und Nutzen für den Kunden. Ein qualitätsorientiertes Unternehmen möchte die Erwartungen von Kunden und anderen relevanten Parteien erfüllen [95].

Prozesse

Ein Prozess ist ein „Satz zusammenhängender oder sich gegenseitig beeinflussender Tätigkeiten, der Eingaben zum Erzielen eines vorgesehenen Ergebnisses verwendet" [95].

Diese Definition ist sehr weit gefasst. In dieser Arbeit aber soll der Prozess auf die Produktion beschränkt bleiben. Prozess wird also mit Produktionsprozess synonym verwendet und wird dann definiert als das „technologisch, zeitlich und örtlich bestimmte[...] [effiziente[...] Zusammenwirken von Produktionsfaktoren zur Herstellung einer bestimmten Gütermenge in bestimmter Qualität" [50]. Produktionsfaktoren sind dabei alle materiellen und immateriellen Mittel, die zur Produktion notwendig sind [50].

Supply Chain

Eine Supply Chain erstreckt sich über mehrere Wertschöpfungsglieder, die von der Source of Supply (Lieferanten des Lieferanten) zum Point of Consumption (Kunden der Kunden) reichen [138; 137]. Supply-Chain-Management ist daher die Verknüpfung von Wertschöpfungsgliedern. Umgangssprachlich lässt sich auch vom Lieferkettenmanagement sprechen. Supply-Chain-Management bezieht sich also sowohl auf die Prozesse innerhalb einer Unternehmung (unternehmensinterne Supply Chain) als auch auf die Verknüpfung dieser Unternehmung mit ihrer Umwelt (netzwerkgerichtete Supply Chain) [137].

2.2 Energieeffizienzmaßnahmen

Es existieren zwei Stellhebel, um Energieeffizienz im Unternehmen zu erreichen, zum einen die Maximierung des Nutzens und zum anderen die Minimierung des Aufwandes [17]. Um diese Stellhebel zu steuern, gibt es zwei Möglichkeiten: einerseits spezielle Technologien und andererseits universelle Maßnahmen, die die Energie- und Ressourceneffizienz verbessern. Die Technologien lassen sich unterscheiden in Querschnittstechnologien und Prozesstechnologien [41; 12].

Querschnittstechnologien sind Technologien, die branchen- und verfahrensübergreifend eingesetzt werden können. Sie stellen in der Regel nur eine Hilfsenergie (Wärme, Licht, Kraft etc.) bereit, die unabhängig ist vom Produktionsprozess [12; 41; 85]. Energieeffiziente Querschnittstechnologien lassen sich in verschiedene Bereiche einteilen [32]:

- Wärmeerzeuger und Wärmeversorgungssysteme
  Zum Beispiel die Direktnutzung der Wärme [56], die Nutzung mechanischer Trocknung (Zentrifuge, Abtrennprozesse) [56] sowie effizienter Wärmetauschanlagen und Industrieöfen [86].

- Motoren und Antriebssysteme
  Zum Beispiel energieeffiziente Elektromotoren, Antriebe wie Direktantriebe sowie Regelungen wie Frequenzumrichter [86; 12; 70; 56].

- Pumpen und Pumpensysteme
  Bei Pumpen existieren die gleichen Potenziale wie bei den Antriebssystemen [56; 12].

- Druckluft und Druckluftsysteme
  Im Allgemeinen sollte Druckluft vermieden werden, da sie ineffizient und teuer ist [56; 12].

- Beleuchtung, Lüftung und Klimatisierung
  Zum Beispiel die Verwendung von LED [58; 119] sowie intelligenter Regelungen [56] oder auch Strahlungsheizungen wie Deckenstrahlplatten als Alternative zu Luftheizungen wie Heizregistern [56].

- Kälteerzeuger und Kälteversorgungssysteme

Zum Beispiel Verwendung von Freiluftkühlern, Hybridkühlern sowie Grundwasser als Kühlmedium zum Betrieb von Sorptionsanlagen [56].

■ Informations- und Kommunikationstechnologien

Prozesstechnologien umfassen alle Technologien, die spezifisch auf bestimmte Branchen, Verfahren und Produkte angewendet werden können. Dies sind zum Beispiel Primäraluminium-Elektrolyseverfahren, Klinker-Drehrohröfen oder auch Papiermaschinen [12; 41].

Zu den universellen Maßnahmen zählen unter anderem die Minimierung des Stand-by-Verbrauchs und das Schließen von Kreisläufen [17]. Das Thema Stand-by-Verbrauch findet oftmals wenig Beachtung, obwohl hier große Einsparpotenziale bestehen können. Bei der Betrachtung des Stand-by-Verbrauchs muss zwischen geplantem und ungeplantem Stillstand unterschieden werden. Im Hinblick auf die Prozessstabilität und mögliche Qualitätsverluste werden Anlagen am Wochenende oftmals nicht ausgeschaltet, sondern in einen Ruhemodus gefahren. Um die An- und Ausschaltzeiten bzw. den Abschalt-Neustart-Zyklus zu optimieren, müssen zuvor detaillierte Verbrauchszahlen der Maschine ermittelt werden [17; 118]. Auch die Implementierung eines Stand-by-Managers kann bei der Energieeinsparung unterstützen. Ein Stand-by-Manager ist eine Software, die selbstständig einzelne Funktionsmodule einer Anlage oder auch die komplette Anlage in einen energiesparenden Zustand versetzen kann [17; 1]. Das Schließen von Kreisläufen bedeutet hier Ressourceneffizienz z. B. durch die Wiederverwendung von Prozesswässern. Ressourceneffizienz leistet oftmals einen direkten Beitrag zur Energieeffizienz und vice versa [17; 7; 128].

Bei der Implementierung energieeffizienter Technologien und Verhaltensweisen lassen sich generalisierte handlungsleitende Motive ableiten. Diese sind [17]:

■ Dimensionierung
Die Dimensionierung von Anlagen sowie Hilfsanlagen und deren Parameter wie Temperaturen, Drücke sowie Luftwechselraten müssen nicht nur bei der Inbetriebnahme, sondern auch nach Erweiterungen sowie Reduktionen der Anlagen angepasst werden.

■ Auslastung
Eine hohe Auslastung trägt dazu bei, den Energieverbrauch zu senken. Bei Teillastbetrieb kann ein Frequenzumrichter sinnvoll sein. Wo möglich, sollte während Rüstzeiten (z. B. Maschinenkühlung), über Nacht (z. B. Druckluft) oder über das Wochenende (z. B. Lüftung) in Betracht gezogen werden, komplett abzuschalten.

- Nutzung effizienter Geräte
  Der Einsatz energieeffizienter Geräte ist bekannt und wird praktiziert. Handlungsbedarf besteht aber bei der ganzheitlichen Betrachtung energieeffizienter Produktionsprozesse zur Montage und Beschichtung. Fortschritte werden bei der effizienteren Synthese von Chemikalien z. B. durch effiziente Katalysatoren erwartet.

- Verluste vermeiden
  Verluste sollten vor allem bei der thermischen Dämmung (bei Öfen, Kesseln, Trocknern, Rohrleitungen sowie Kälteanlagen) vermieden werden. Weitere Möglichkeiten sind die Blindstromkompensation sowie die effizientere Materialnutzung z. B. durch Zuschnittoptimierung und Net-Shape-Formgebung sowie komplexe Produktionsverbünde.

- Rückgewinnung
  Rückgewinnung von Material und Energie, z. B. durch Nutzung von Bremsenergie, Kompressionswärme, Abwärme von Galvanisierungsbädern, des „overspray" in Lackieranlagen, Altmaterial sowie Arbeitsstoffen wie Gussformsand.

- Kontinuierliche Wartung
  Kontinuierliche Wartung hilft, ungeplante Stillstände zu vermeiden, z. B. Wartung von Filtern in Lüftungs- und Hydraulikanlagen sowie Reinigung der Reflektoren von Beleuchtungsanlagen.

2.3   Barrieren für Energieeffizienzinvestitionen

Obwohl Energiesparmaßnahmen hochrentabel sind [90], investieren viele Unternehmen nicht in Energieeffizienz, sondern in andere weniger rentable Bereiche und sogar gar nicht. Gesprochen wird dann von einem „energy efficiency gap" oder „energy paradox". Verursacht wird dieser Umstand durch Barrieren [129; 69; 57; 125]. Es existieren verschiedene Ansätze, die sich größtenteils ähneln, um diese Barrieren einzuteilen [17; 129]. Hier wird einer dieser Ansätze erläutert [129; 97; 126]. Er ist ausreichend, um ein grundlegendes Verständnis zu vermitteln, warum Energieeffizienz bei Investitionsentscheidungen nicht priorisiert wird. Barrieren lassen sich in drei Kategorien aufteilen [129; 97]. Es handelt sich dabei um:

- wirtschaftliche Barrieren,
- organisatorische Barrieren,
- verhaltensbezogene Barrieren.

Die wirtschaftlichen Barrieren lassen sich dabei in Markthemmnisse sowie nicht markt-bezogene Hemmnisse einteilen [17; 129]. Den Markthemmnissen werden folgende Bereiche zugeordnet:

- Imperfekte Informationen
  Imperfekte Informationen sind mangel- oder fehlerhafte Informationen oder In-formationen, die mit hohen Beschaffungskosten verknüpft sind [25; 129]. Ener-gieverbraucher sind oftmals schlecht über ihren Energiebezug, die Marktlage und Technologien informiert [129; 114].

- Informationsasymmetrie
  Ist ein Zustand, bei dem ein unterschiedlicher Informationsstand bei zwei Ver-tragsparteien vorhanden ist [25; 129]. Die Hersteller von energieeffizienten Pro-dukten sind in der Regel besser informiert als mögliche Käufer [129; 125].

- Prinzipal-Agent-Beziehung
  Bezeichnet die Beziehung zwischen Parteien, die sich auf unterschiedlichen hierarchischen Stufen in einer Organisation oder bei Geschäftsvorgängen be-finden und bei der die eine Partei der anderen nur eingeschränkt vertraut.
  Beispielhaft dafür sind Geschäftsführer, die ihre Führungskräfte in ihren Ent-scheidungen stark einschränken wie z. B. durch die Forderung sehr kurzer Amortisationszeiten. Das hat zur Folge, dass energieeffiziente Maßnahmen nicht durchgeführt werden, da diese in der Regel eine höhere Amortisations-dauer haben [129; 125; 12; 17].

- Split Incentives
  Split Incentives treten dann auf, wenn die finanziellen Einsparungen von Ein-sparmaßnahmen nicht dem zufallen, der sie tätigt. Dies ist unter anderem der Fall, wenn unternehmensübergreifende Investitionen getätigt werden, die Kos-teneinsparungen aber einzelnen Abteilungen zufallen, oder auch, wenn eine Abteilung eine Investition tätigt, Einsparungen aber nur auf der Unternehmens-ebene sichtbar werden und nicht nach Abteilungen aufgeschlüsselt sind [115; 129; 125].

Nicht marktbezogene Hemmnisse werden in folgende Bereiche eingeteilt:

- Versteckte Kosten

Versteckte Kosten sind Kosten, die bei der Informationsbeschaffung, bei Treffen mit Herstellern und Verkäufern sowie bei der Vertragserstellung und ähnlichen Aktivitäten entstehen [17]. Werden nun alle versteckten Kosten zu den Kosten für die gewählte Energiesparmaßnahme addiert, könnte sich ergeben, dass sich diese für das Unternehmen nicht mehr lohnt [125; 114; 129].

▫ Eingeschränkter Zugang zu Kapital
Energieeffiziente Technologien sind gemeinhin erheblich teurer als vergleichbare Standardtechnologien [12; 120]. Zusätzliches Kapitel für diese Maßnahmen zu aggregieren, kann aufgrund von Kredithürden oder auch selbst auferlegten Regeln in Bezug auf die Liquidität unter Umständen schwierig sein [129; 125].

▫ Risiko
Die zukünftige wirtschaftliche Lage ist schwer abschätzbar. Dadurch entstehen Unsicherheiten. Diese Unsicherheiten wiederum werden von Unternehmen als Risiko wahrgenommen, das diese vermeiden wollen [129; 125; 114].

▫ Verschiedenartigkeit
Obwohl bestimmte Technologien grundsätzlich energieeffizient sind, bedeutet das nicht, dass sie das tatsächlich für alle Unternehmen sind. Auch wenn in zwei Firmen ähnliche Produkte produziert werden und Maßnahmen in der einen Firma erfolgreich implementiert wurden, muss das in der anderen Firma nicht zwangsläufig möglich sein, da sich dort die Produkte in Größe und Form unterscheiden könnten [129].

Organisatorische Barrieren sind:

▫ Macht
Oftmals haben Personen, die mit dem Energieeffizienzcontrolling betraut sind, nur eingeschränkte Entscheidungsgewalt. Dies liegt am fehlenden Stellenwert des Energiemanagements im Allgemeinen [129].

▫ Kultur
Kultur ist stark mit den Werten der Individuen, aus denen die Kultur besteht, verknüpft. Die Unternehmenskultur ist somit die Summe aller Werte dieser Individuen.

Werte von Personen mit Einfluss haben dabei einen größeren Anteil an der Unternehmenskultur als die derjenigen mit weniger Einfluss [129].

Zu den verhaltensbezogenen Barrieren zählen folgende Elemente:

- Form der Information
  Die Form, wie eine Information kommuniziert wird, entscheidet darüber, wie sie beim Empfänger verarbeitet wird. Menschen können sich Informationen leichter merken, wenn diese konkret, anschaulich und individualisiert sind oder auch wenn die informationsgebende Person dem Empfänger ähnlich ist. Zumeist werden Informationen selektiv empfangen. Eine aktive Informationsbeschaffung findet oftmals nicht statt [129].

- Glaubwürdigkeit und Vertrauen
  Mangelndes Vertrauen des Informationsempfängers gegenüber dem Informationsgebenden führt dazu, dass Maßnahmen nicht durchgeführt werden. Eine Person, die als vertrauenswürdig empfunden wird, bringt eine andere Person eher dazu, eine Maßnahme durchzuführen, als eine, die weniger Vertrauen genießt [129].

- Werte
  Im Unternehmen muss ein entsprechendes Wertesystem geschaffen werden, das Sparmaßnahmen begünstigt. Entscheidungsträger, aber auch Mitarbeiter könnten dabei als Vorbild dienen. Es kann bereits ausreichen, Mitarbeitern zu suggerieren, dass sich andere Personen an Energieeffizienz orientieren, um ihre Entscheidung in diese Richtung zu beeinflussen [129; 48; 6].

- Trägheit
  Individuen sowie Unternehmen versuchen, Veränderungen zu vermeiden und Problemen auszuweichen oder diese zu ignorieren. Das geht so weit, dass Personen, die eine wichtige Entscheidung getroffen haben, versuchen, diese Entscheidung im Nachhinein zu rechtfertigen. Daher fällt oftmals der Entschluss gegen Energieeffizienz, da sie das bestehende System verändern könnte [129; 125].

- Begrenzte Rationalität
  Begrenzte Rationalität [25] entsteht zum einen dadurch, dass es in Unternehmen viele verschiedene Personen mit unterschiedlichen Sichtweisen sowie Zie-

len gibt und die Interessen des einen Angestellten mit den Interessen eines anderen in Konflikt stehen. Zum anderen treffen Unternehmen Entscheidungen, obwohl ihnen nicht immer alle Informationen, die sie benötigen, zur Verfügung stehen [129; 25].

3   Investitionsverhalten von Unternehmen

Im ersten Teil des folgenden Kapitels wird auf das momentane Verhalten von Unternehmen in Bezug auf Investitionen eingegangen. Es wird ermittelt, welche Strategien bevorzugt werden, welche Umstände als Investitionshindernisse gesehen werden, welche Kriterien und Investitionsbereiche es gibt und wie viel insgesamt investiert wird. Im zweiten Teil dieses Kapitel wird verdeutlicht, wie Energieeffizienz in Bezug auf das Investitionsverhalten eingeordnet werden kann.

3.1   Investitionen im Allgemeinen

2014 wurde durch die Mehrheit des Mittelstandes (52 %) eine eher ausgewogene Investitionsstrategie verfolgt. Das heißt, dass die Ausgaben für den Substanzerhalt und Wachstum gleich hoch waren. Etwa ein Drittel der Befragten (33 %) setzte den Schwerpunkt auf den Substanzerhalt und nur wenige auf Wachstum (14 %) [29]. Es hat sich nun gezeigt, dass wachstumsorientierte Unternehmen investitionswilliger sind als nicht wachstumsorientierte. Investitionswillige Unternehmen sahen auch einen größeren Nachholbedarf bei zurückgestellten Investitionen [31].

Im Allgemeinen aber stieg die Risikobereitschaft in Bezug auf Investitionen in den letzten Jahren an. Nichtsdestotrotz sahen Ökonomen mehr Investitionspotenzial [29]. Bei einer Umfrage im Juni 2015 gaben 90 % der Unternehmen an, in diesem Jahr noch investieren zu wollen. Im selben Zeitraum 2014 waren es noch 86 %. In Unternehmen mit einem Umsatz von über 25 Millionen Euro waren es sogar 96 %. 41 % davon planten, über 2,5 Millionen Euro auszugeben. In Unternehmen mit einem Umsatz kleiner 25 Millionen Euro waren es dagegen nur 86 %, die angaben, investieren zu wollen. 71 % davon planten aber, mehr als 2,5 Millionen Euro auszugeben. Regionale Unterschiede machten sich kaum bemerkbar [31].

Eine Befragung von mittelständischen Betrieben durch die KfW bestätigte den Trend zu mehr Investitionen ebenfalls. Es hat sich gezeigt, dass die gesamten Investitionsausgaben in neue und gebrauchte Anlagen und Bauten um 12 Milliarden Euro, d. h. um 6 %, auf insgesamt 202 Milliarden Euro im Jahr 2014 anstiegen. Dies ist der höchste Wert seit 2008. Im Jahr 2013 waren es noch 190 Milliarden Euro [72].

Obwohl die Investitionsbereitschaft im Allgemeinen hoch ist, existieren sogenannte Investitionshindernisse. In der Mittelstandsstudie von 2014 wurden von 45 % der Teilnehmer die steigenden bzw. schwankenden Rohstoff- und Energiepreise angegeben. Auf Platz zwei folgte der Fachkräftemangel mit 43 %, dann unsichere gesamtwirtschaftliche Rahmenbedingungen (40 %), komplexe behördliche Genehmigungsprozesse (36 %), unsichere gesetzliche Rahmenbedingungen (35 %) sowie die angespannte wirtschaftliche Lage des Unternehmens (26 %) (s. Abbildung 3) [29].

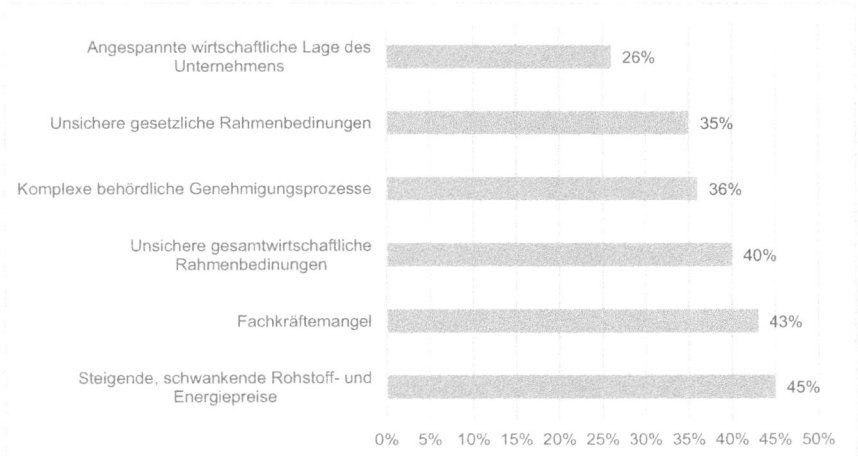

Abbildung 3: Angaben des Mittelstandes über Investitionshindernisse im Jahr 2014 [29]

Eine andere Studie (Juni 2015), die alle Unternehmensgrößen berücksichtigte, kam teilweise zu etwas anderen Ergebnissen. 47 % sahen die Unsicherheit über die zukünftige konjunkturelle Entwicklung als Investitionshindernis. Es folgten mit 36 % bürokratische Hürden, dann Fachkräftemangel (25 %), politische Rahmenbedingungen (24 %), hohe Kreditanforderungen der Bank (17 %), Steuern und Abgaben (12 %) sowie mit einem Anteil von gleich bzw. unter 10 % Zins- und Währungsrisiken, hohe Eigenkapitalerfordernisse, nicht geregelte Unternehmensnachfolge (s. Abbildung 4). Es gab dabei kaum Unterschiede zwischen investitionswilligen und nicht investitionswilligen Unternehmen [31].

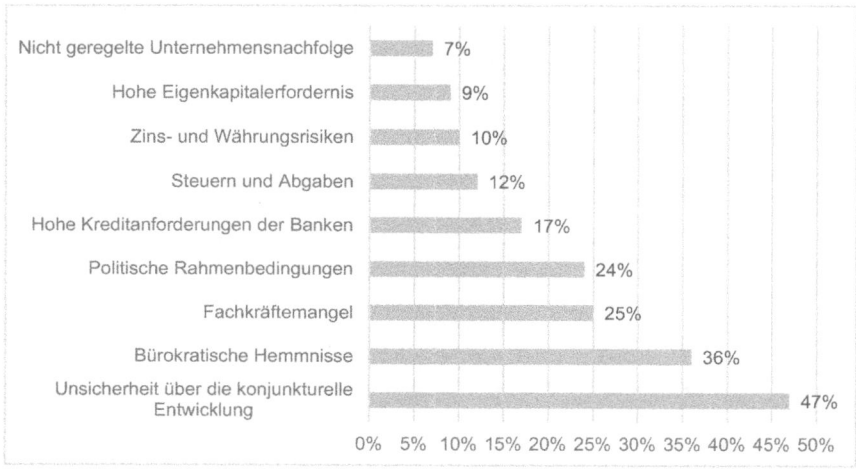

Abbildung 4: Angaben über Investitionshindernisse im Jahr 2015 [31]

Ebenfalls durch Befragungen hat sich gezeigt, dass Investitionen vor allem als Reaktion auf Marktanforderungen beziehungsweise Kundenerwartungen erfolgen (77 % der Befragten). Weitere wichtige Gründe, zu investieren, waren die Qualitätssicherung oder -steigerung (70 %), Abnutzung oder Alterung (67 %), Kostensenkung (67 %) sowie Energieeffizienz und Umweltschutz (67 %). Ein Übersicht über alle Gründe und den Anteil derjenigen Unternehmen, die diesen zustimmen, findet sich in Abbildung 5 [29]. Anhand dieser Einteilung lassen sich verschiedene Optimierungsbereiche ableiten. Dies wird in Kapitel 4.2.1 näher ausgeführt.

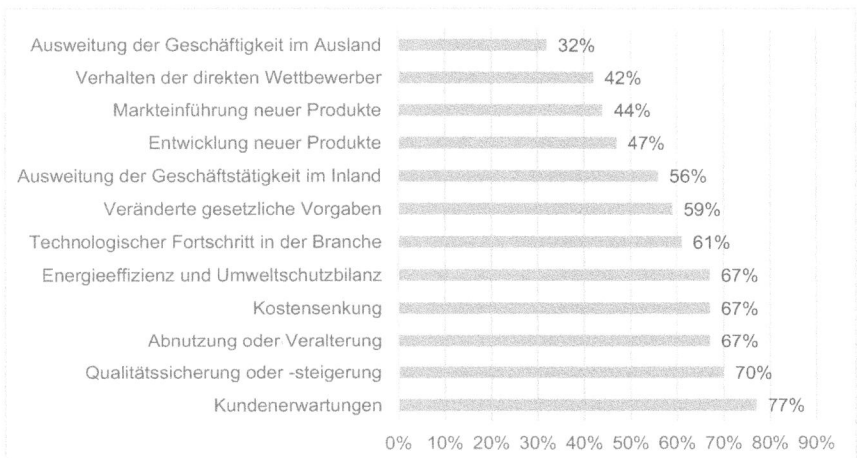

Abbildung 5: Gründe für Investitionen im Unternehmen [29]

Neben den Gründen für Investitionen ist auch von Interesse, in welche Unternehmensbereiche investiert wird. Laut Angabe der Befragten (75 %) ist geplant, vor allem im
Bereich der Unternehmensinfrastruktur (Mobiliar, IT, Fuhrpark etc.) Ausgaben zu täti-
gen. 71 % gaben an, in den Ersatz von Maschinen oder anderen Anlagegütern investieren zu wollen. An dritter Stelle (55 %) stand die Neubeschaffung von Maschinen
oder anderen Anlagegütern. Es folgten die Modernisierung einer Immobilie (40 %) im
Unternehmensbestand, der Bau oder Kauf einer Immobilie (20 %) sowie der Kauf von
Unternehmen bzw. Unternehmensteilen (9 %) (s. Abbildung 6) [31].

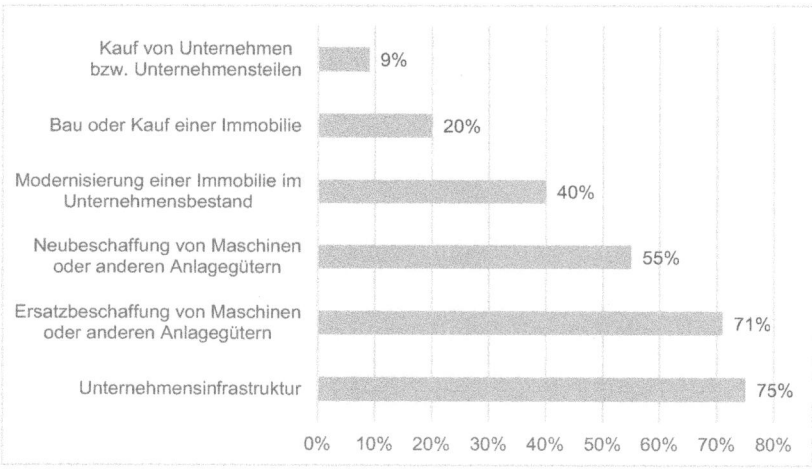

Abbildung 6: Angaben über priorisierte Unternehmensbereiche im Jahr 2015 [31]

3.2   Investitionen in Energieeffizienz

Der Anteil der Energieeffizienzinvestitionen an den Gesamtinvestitionen hat in den letzten Jahren stetig zugenommen und die Bedeutung dieses Themas ist immer wichtiger geworden [62]. Dennoch planen deutsche Unternehmen, im nächsten Jahr weniger in Energieeffizienz zu investieren. Dies zeigt eine Untersuchung des Stuttgarter Universitätsinstituts für Energieeffizienz in der Produktion (EEP) anhand des im Juni 2015 veröffentlichten 4. Energieeffizienz-Index der deutschen Industrie [63]. Dieser Index wird 2013 halbjährlich in Zusammenarbeit mit der Deutschen Energie-Agentur (Dena), dem Bundesverband der deutschen Industrie (BDI), dem Fraunhofer IPA und dem TÜV Rheinland ermittelt [62].

Auch Experten gehen davon aus, dass sich die Investitionen in Energieeffizienz reduzieren werden [62]. Abbildung 7 zeigt, dass sich der Großteil der Unternehmen, die nicht in Energieeffizienz investieren wollen, im nächsten Jahr erhöhen wird. Ausgeschlossen davon sind Kleinstunternehmen. Heute investieren 52 % der Kleinstunternehmen und 24 % der kleinen Unternehmen nicht in Energieeffizienz. Bei den Kleinstunternehmen sinkt dieser Wert auf 44 %, während er bei den kleinen Unternehmen auf 28 % steigt. 95 % der mittleren bis großen Unternehmen investieren in Energieeffizienz. In Zukunft wird sich aber der Anteil auf 89 bzw. 91 % reduzieren.

Im Allgemeinen wird sich der Anteil der Unternehmen, die im Bereich von 5 bis 10 % ihrer Gesamtinvestitionen investieren wollen, erhöhen.

Der Anteil der Kleinstunternehmen und kleinen Unternehmen, die hochinvestive Maßnahmen durchführen wollen, bleibt auf dem gleichen Niveau. Bei den mittleren und
großen Unternehmen reduziert sich dieses von 34 % und 23 % auf 23 % und 12 %
[63]. Problematisch an dieser Entwicklung ist aber, das hochinvestive Maßnahmen für
die Unternehmen der größte Stellhebel sind [13; 61].

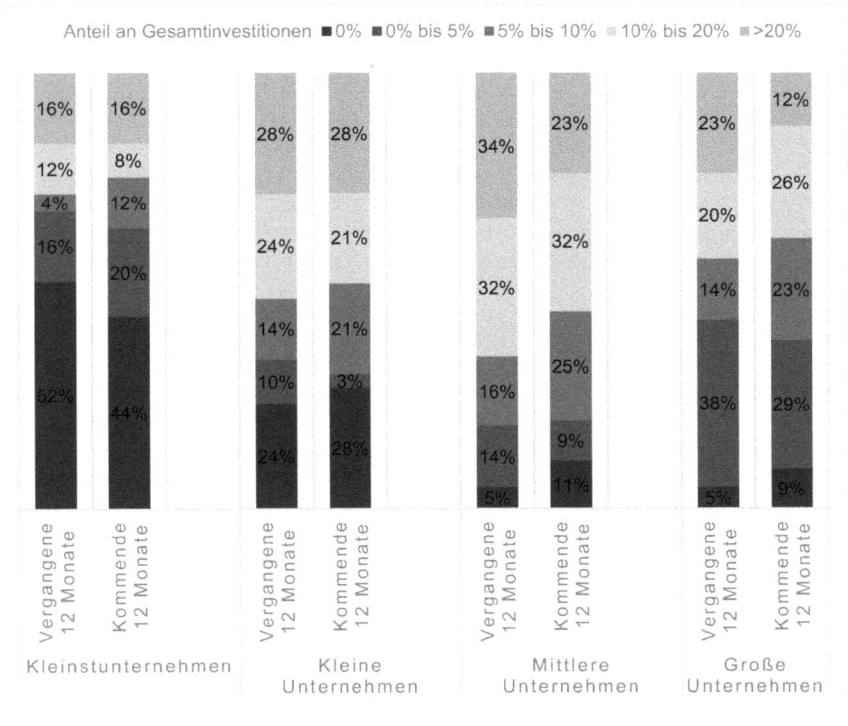

Abbildung 7: Anteil Energieeffizienzinvestitionen an Gesamtinvestitionen [63]

Der Bereich Energieeffizienz ist hochrentabel [90]. Er konkurriert aber in vielen Fällen
mit anderen Investitionsbereichen. Häufig ist Energieeffizienz nur ein Nebeneffekt aus
anderen Investitionen [13; 60]. Ein weiterer Grund, der Investitionen in Energieeffizienz
verhindert, ist laut den Unternehmen das Fehlen von Förderprogrammen bzw. deren
zeitaufwendige und komplizierte Beantragung [61].

Viele Unternehmen (45 %) gaben aber auch an, dass Investitionszuschüsse bzw.
-prämien sie dazu bewegen könnten, in diesen Bereich zu investieren. Weitere Anreize

könnten die Erleichterung bei Genehmigungsverfahren (12 %) bzw. die Deregulierung sowie vorgezogene bzw. degressive Abschreibung (11 %) sein [62]. Hohe Investitionsausgaben für Energieeffizienzmaßnahmen verhindern diese ebenfalls. Auch die oftmals langen Amortisationszeiten sind ein Hindernis [61]. Die Amortisationszeit ist in vielen Unternehmen ein ausschlaggebendes Entscheidungskriterium. Diese gibt aber keine Auskunft über die tatsächliche Rentabilität einer Maßnahme oder eines Projektes [13; 17]. Sie ist eher ein Maß für das Investitionsrisiko [17].

Die akzeptierte Amortisationszeit lag in Unternehmen bei teilweise unter 3 Jahren. Die geforderten Zeiten haben zur Folge, dass viele rentable Maßnahmen nicht durchgeführt werden. Vor allem Anlagen mit langer Nutzungsdauer zeichnen sich durch eine hohe Rentabilität und absolute Einsparungen aus. Die eingesetzten Bewertungsmethoden verhindern jedoch eine Nutzung dieses Potenzials. Die Lebenszyklusrechnung scheint sich besser zu eignen als die Amortisationsrechnung [60; 13; 17]. Unternehmen, die die Lebenszyklusrechnung verwenden, setzen mehr Effizienzmaßnahmen um [120].

Während über 50 % der Kleinstunternehmen angaben, dass die Energieeffizienz eine geringe Rolle spielt, waren es in kleinen und mittleren Unternehmen nur um die 30 %, in großen lediglich 18 %. Das heißt, dass die Bedeutung der Energieeffizienz mit zunehmender Unternehmensgröße ansteigt. Dies zeigte sich auch bei der Frage, ob die Unternehmen der Energieeffizienz eine hohe Bedeutung zuordnen würden. Bei lediglich 20 % der Kleinstunternehmen war dies der Fall. Bei kleinen und mittleren Unternehmen betrug dieser Anteil bereits 32 % bzw. 42 %. In großen Unternehmen waren es schon 45 %. In etwa ein Drittel der Unternehmen gab an, dass die Energieeffizienz denselben Stellenwert wie andere Faktoren hat (27 % der Kleinstunternehmen, 32 % der kleinen, 31 % der mittleren sowie 38 % der großen Unternehmen) (s. Abbildung 8) [61].

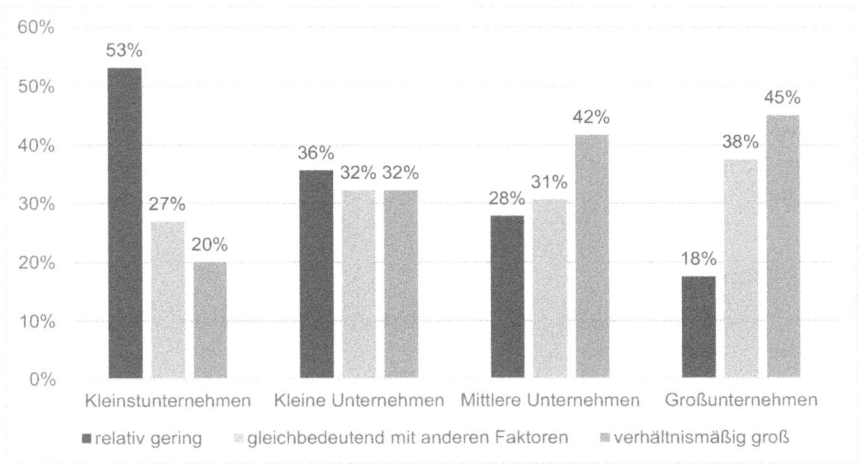

Abbildung 8: Angaben über die Priorität von Energieeffizienz im Herbst 2014 [61]

Wie nun die Energieeffizienz im Vergleich zu anderen Optimierungsbereichen positioniert wird, wird in den folgenden Kapiteln untersucht.

4 Empirie

Zur Beantwortung der Forschungsfrage aus Kapitel 1 wird in dieser Arbeit der Analytic Hierarchy Process (AHP) genutzt, da er sowohl Analyse- als auch Erhebungsinstrument ist und sich deshalb in diesem Kontext besonders gut eignet [49].

Im Folgenden werden der Prozess, Kritikpunkte, Einschränkungen, Erweiterungen und die Ergebnisse der Untersuchung näher ausgeführt.

4.1 Konzeption

In den folgenden Kapiteln wird die verwendete Untersuchungsmethode beschrieben und diese kritisch diskutiert.

4.1.1 Der Analytic Hierarchy Process

Der AHP ist eine Methodik zur Entscheidungsfindung, der in der Entscheidungstheorie der/dem Multi Criteria (Decision) Analysis (MCDA) bzw. Making (MCDM) zugeordnet wird. In der MCDA wird eine Vielzahl von Kriterien verwendet, um verschiedene Optionen zu bewerten. Weitere bekannte MCDA-Methoden sind unter anderem ELECTRE, MACBETH, SMART, PROMETHEE sowie UTA [66].

Entwickelt wurde der AHP durch Thomas L. Saaty, der die Ansätze dazu das erste Mal im Jahre 1972 in einem Paper erwähnte [99]. Eine vollständige Ausarbeitung des Prozesses findet sich im Jahr 1977 in einem Beitrag im Journal of Mathematical Psychology [100]. Der AHP war aber keineswegs eine vollständige Neuentwicklung. Schon zuvor wurden einzelne Bestandteile in der Wissenschaft untersucht bzw. verwendet. Hier sind vor allem Paarvergleiche, Hierarchien und die verwendete Skala zu nennen [66; 131; 39].

Der AHP ist heute ein sehr populärer Ansatz, der erfolgreich in vielen verschiedenen Bereichen verwendet wird [66; 18; 65]. Noch vor wenigen Jahren aber sahen manche Autoren dessen Einsatz hauptsächlich bei bedeutenden strategischen Einzelfällen [124]. Das ist dem Umstand geschuldet, dass der AHP unter bestimmten Bedingungen sehr ressourcenintensiv (sowohl Zeit- als auch Personalressourcen) sein kann. Durch den Einsatz von Software kann dieser Aufwand aber erheblich reduziert werden. Seien es Tabellenkalkulationsprogramme oder auch spezielle AHP-Software, beide können bei der Auswertung der Daten unterstützen [92]. Durch Verwendung des Internets kann der Ressourceneinsatz nochmals erheblich reduziert werden [78].

Der AHP weist darüber hinaus einige Vorteile gegenüber anderen Methoden auf, die sich in 10 Kategorien einteilen lassen [103]:

▪ Einheit

Der AHP ist ein eigenständiges, sehr flexibles, leicht verständliches Modell, mit dem sich ein breites Spektrum unstrukturierter Probleme lösen lässt.

▪ Komplexität
Zur Lösung komplexer Probleme werden eine deduktive Vorgehensweise sowie der Systemansatz genutzt.

▪ Interdependenz
Lineares Denken ist nicht notwendig, da mit wechselseitigen Abhängigkeiten von Systemelementen umgegangen werden kann.

▪ Hierarchische Struktur
Alle Elemente des Systems werden in verschiedene Kategorien eingeteilt, wobei ähnliche Elemente in einer Kategorie zusammengefasst werden. Dieses Vorgehen entspricht der natürlichen Neigung des Menschen.

▪ Messung
Durch die verwendete Skala lassen sich sowohl materielle als auch immaterielle Dinge messen, wodurch sich dann die Prioritäten ermitteln lassen.

▪ Konsistenz
Die gegebenen Antworten können auf ihre logische Konsistenz hin überprüft werden.

▪ Synthese
Das Ergebnis ist eine Gesamtschätzung der Begehrtheit der einzelnen Alternativen.

▪ Kompromisse
Die relative Wichtigkeit von Faktoren im System wird berücksichtigt. Dadurch ist es möglich, die beste Alternative für das vom Entscheider festgelegte Ziel zu wählen.

▪ Beurteilung und Konsens
Absoluter Konsens ist nicht notwendig, da die repräsentativen Ergebnisse verschiedener Beurteilungen verdichtet werden.

▪ Prozesswiederholung

Dem Entscheider ist es möglich, seine Problemdefinition zu verfeinern und durch Wiederholung die Beurteilung und das Problemverständnis zu verbessern.

Im folgenden Abschnitt wird das Vorgehen bei der Anwendung des AHP vorgestellt. Dieses besteht aus fünf Schritten (siehe Abbildung 9) [78].

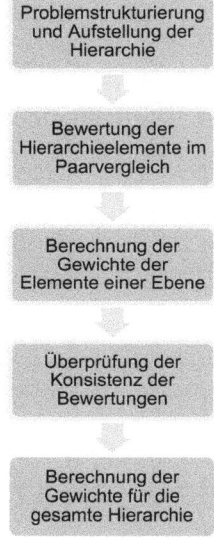

Abbildung 9: Grundsätzlicher Ablauf des AHP

Problemstrukturierung und Aufstellung der Hierarchie

In einem ersten Schritt wird das Problem vom Entscheider oder in Zusammenarbeit mit diesem strukturiert. Dazu wird eine Hierarchie erstellt. In der Regel besteht diese aus:

- dem Ziel,
- einer Menge an Alternativen,
- einer Menge an Kriterien und Subkriterien sowie
- Verbindungen zwischen dem Ziel, den Kriterien und den Alternativen [18].

Eine Beispielhierarchie findet sich in Abbildung 10.

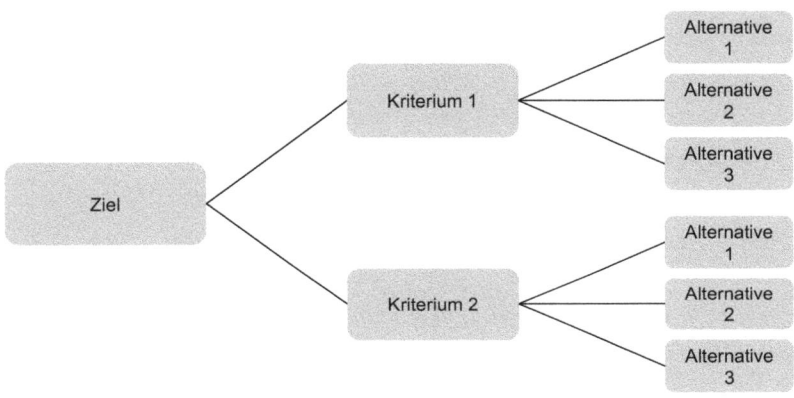

Abbildung 10: Beispielhierarchie

Die Erstellung einer Hierarchie muss sorgfältig erfolgen, da eine andere Anordnung der Objekte zu einem anderen Ergebnis führen könnte. Es hat sich z. B. gezeigt, dass Kriterien mit einer hohen Anzahl an Unterkriterien eine höhere Gewichtung erhalten [66].

Zusätzlich muss beachtet werden, dass der Mensch nur begrenzte Informationsverarbeitungskapazitäten besitzt. Diese könnten durch eine zu detaillierte Systematisierung des Problems überstiegen werden. Es muss daher eine beherrschbare Hierarchie geschaffen werden [78; 49].

Eine Vielzahl von Hierarchiebeispielen finden sich im Buch „The Hierarchon: A Dictionary of Hierarchies" von Saaty und Forman, das ausschließlich Strukturierungsvorschläge zu Entscheidung enthält [106].

Bewertung der Hierarchieelemente im Paarvergleich

Im nächsten Schritt können die Kriterien und Alternativen der aufgestellten Hierarchie bewertet werden. Die Bewertung erfolgt dabei durch Paarvergleiche. Paarvergleiche haben den Vorteil, dass es einfacher und auch genauer ist, zwischen zwei Alternativen zu wählen als zwischen allen Alternativen auf einmal. Das heißt also, dass alle Kriterien in Bezug auf das Ziel verglichen werden, dann alle Unterkriterien in Bezug auf das jeweilige übergeordnete Kriterium und so weiter. Zusätzlich werden alle Alternativen in Bezug auf die Kriterien der untersten Ebene verglichen. Durch die Paarvergleiche ergeben sich Werte, die in Paarvergleichsmatrizen angeordnet werden [100].

$A = (a_{ij})_{n \times n}$ sei nun eine Paarvergleichsmatrix mit der Bedingung, dass $a_{ij} > 0$ ist:

$$A = \begin{pmatrix} a_{11} & a_{12} & \cdots & a_{1n} \\ a_{21} & a_{22} & \cdots & a_{2n} \\ \vdots & \vdots & \ddots & \vdots \\ a_{n1} & a_{n2} & \cdots & a_{nn} \end{pmatrix} \quad\quad (4.1)$$

a_{ij} drückt hier das Verhältnis der Gewichtungen zueinander aus:

$$a_{ij} \approx \frac{w_i}{w_j} \ \forall i,j \quad\quad (4.2)$$

Die resultierende Matrix A sieht dann so aus:

$$A = (w_i/w_j)_{n \times n} = \begin{pmatrix} w_1/w_1 & w_1/w_2 & \cdots & w_1/w_n \\ w_2/w_1 & w_2/w_2 & \cdots & w_2/w_n \\ \vdots & \vdots & \ddots & \vdots \\ w_n/w_1 & w_n/w_2 & \cdots & w_n/w_n \end{pmatrix} \quad\quad (4.3)$$

Anhand von Formel (4.3) ist zu erkennen, dass $a_{ij} = 1/a_{ji} \ \forall i,j$. Matrix A ist folglich reziprok und lässt sich infolgedessen auch wie folgt schreiben:

$$A = \begin{pmatrix} 1 & a_{12} & \cdots & a_{1n} \\ a_{21} & 1 & \cdots & a_{2n} \\ \vdots & \vdots & \ddots & \vdots \\ a_{n1} & a_{n2} & \cdots & 1 \end{pmatrix} \quad\quad (4.4)$$

Um a_{ij} einen Wert zuzuordnen, ist eine Skala notwendig. Saaty schlug dazu eine Skala von eins bis neun vor. Zu den Zahlen existiert eine äquivalente verbale Ausprägung (siehe Tabelle 1) [100].

Tabelle 1: Saaty-Skala [100]

Verbale Ausprägung	Skala
Gleiche Bedeutung	1

-	2
Etwas größere Bedeutung	3
-	4
Deutlich größere Bedeutung	5
-	6
Sehr viel größere Bedeutung	7
-	8
Absolut dominierend	9

Berechnung der Gewichte der Elemente einer Ebene

Für jede Paarvergleichsmatrix muss ein sogenannter Prioritätsvektor $w = (w_1, ..., w_n)^T$ abgeleitet werden. Dazu wurden einige Methoden zur Berechnung vorgeschlagen und untersucht. Die bekannteste Methode ist die Eigenvektormethode. Der Prioritätsvektor w ist dabei der Eigenvektor der Paarvergleichsmatrix A. Unter perfekten Bedingungen muss der Vektor w bei allen Methoden $(w_i/w_j)_{n \times n} = A$ ergeben [18; 100].

Überprüfung der Konsistenz der Bewertungen

Ein vollständig rationaler Entscheider ist in der Lage, seine Präferenzen genau anzugeben. Das bedeutet, dass $a_{ij} = w_i/w_j \; \forall i, j$. Wird nun $a_{ij}a_{jk}$ berechnet, so ergibt sich $a_{ij}a_{jk} = (w_i/w_j)(w_j/w_k) = a_{ik}$ [18; 101].

Es folgt:

$$a_{ik} = a_{ij}a_{jk} \; \forall i, j, k \qquad (4.5)$$

Jeder direkte Vergleich a_{ik} wird also durch indirekte Vergleiche $a_{ij}a_{jk} \; \forall j$ bestätigt. Dieser Umstand wird Transitivität genannt. Eine Matrix, die vollständig transitiv ist, ist auch konsistent. Dieser Umstand ist aber schwierig zu erreichen. Es ist deshalb ein gewisser Grad an Inkonsistenz zu akzeptieren. Um die Konsistenz zu messen, entwickelte Saaty einen sogenannten Konsistenzindex bzw. -faktor. Diese Kennwerte basieren darauf, dass eine Matrix dann als konsistent angesehen wird, wenn ihr maximaler Eigenvektor λ_{max} gleich der Dimension n der Matrix ist. Der Konsistenzindex, auch Consistency Index (CI), berechnet sich wie folgt [18; 101]:

$$CI(A) = \frac{\lambda_{max} - n}{n - 1} \qquad (4.6)$$

Dieser CI muss anschließend normalisiert werden. Dabei wird der CI durch einen Random Index (RI) geteilt. Dieser RI entspricht einem durchschnittlichen CI, der durch die zufällige Erzeugung von positiven, reziproken Matrizen unter Verwendung der Standardskala gewonnen wurde [101]. Verschiedene RI-Werte können Tabelle 2 entnommen werden. Sie wurden durch Alonso und Lamata in 100.000 Simulationen ermittelt. Die RI dieser Autoren sind nahezu identisch mit in den letzten Jahren durch andere Forschergruppen ermittelten Werten [5; 89; 4; 3]. Durch die Division des CI mit dem entsprechenden RI ergibt sich der Konsistenzfaktor, auch Consistency Factor (CR):

$$CR(A) = \frac{CI(A)}{RI_n} \qquad (4.7)$$

Matrizen mit einem Konsistenzfaktor kleiner oder gleich 0,1 werden akzeptiert. Matrizen, die einen Konsistenzfaktor größer 0,1 aufweisen, sollten laut Saaty verworfen werden. Ein CR von 0,2 wurde aber noch als akzeptabel angesehen [101].

Tabelle 2: RI(n)-Werte [4]

n	3	4	5	6	7	8	9	10
RI(n)	0,5245	0,8815	1,1086	1,2479	1,3417	1,4056	1,4499	1,4854

Berechnung der Gewichte für die gesamte Hierarchie

Um einen Prioritätsvektor zu erhalten, müssen die Vektoren der Alternativen mit dem Vektor der Kriterien aggregiert werden. Beispielhaft seien $w^{(a)}, w^{(b)}, w^{(c)}$ die Prioritätsvektoren der Alternativen in Bezug auf das jeweilige übergeordnete Kriterium und $\hat{w} = (\hat{w}_1 + \hat{w}_2 + \hat{w}_3)^T$ der Prioritätsvektor für die Kriterien, dann ist der Prioritätsvektor $\hat{w} = \hat{w}_1 w^{(a)} + \hat{w}_2 w^{(b)} + \hat{w}_3 w^{(c)}$. Diese Art der Berechnung wird auch distributive mode genannt. Dieser Rechenweg ist auch für weitere Unterebenen bzw. Kriterien gültig [66; 18].

4.1.2   Diskussion der Methodik

Der AHP wurde in seiner ursprünglichen Form in der Wissenschaft stark diskutiert. Diese Debatten sind bis heute nicht abgeschlossen. Aufgrund dessen wurden durch Forscher alternative Vorgehensweisen untersucht und postuliert. Im folgenden Kapitel wird auf die wesentlichen Kritikpunkte eingegangen.

Berechnung der Prioritäten

Wie schon zuvor erwähnt schlug Saaty zur Berechnung der Prioritäten die sogenannte Eigenvektormethode vor. Er basierte seinen Vorschlag dabei auf der Störungstheorie. Diese besagt, dass kleine Abweichungen in der Konsistenz einer Matrix kleine Abweichungen in Bezug auf den Eigenvektor und -wert bedeuten. [100].

Im Laufe der Jahre wurde eine Reihe zusätzlicher Methoden als Alternativen vorgestellt und untersucht. Choo und Wedley identifizierten etwa 18 verschiedene Methoden [28]. Im Grunde sind es nur 15 Methoden, da 3 davon als gleichwertig betrachtet werden können [76]. Durchgesetzt haben sich dabei vor allem die Eigenvektormethode [100] sowie die Geometric-Mean-Methode [30] [18].

Die Wahl der passenden Methodik ist immer noch ein viel diskutiertes Thema und gestaltet sich darum schwierig [18]. Während die einen die Eigenvektormethode als die einzig richtige ansehen [130; 107; 104; 40; 110], betrachten die anderen die Geometric-Mean-Methode als die einzig richtige [3; 2; 11; 10; 8]. Ein abschließendes Urteil scheint es nicht zu geben.

Beide Methoden wurden in zahlreichen Studien miteinander verglichen. In den meisten gab es, bis auf wenige Ausnahmen, keinen klaren Unterschied in den Ergebnissen [66].

In der Tat scheint es fast egal zu sein, welche der Methoden präferiert wird, da sich bei 3×3-Matrizen gleiche Ergebnisse ergeben [130] und bei 4×4-Matrizen unterschiedliche Ergebnisse sehr selten sind [68]. Um diesen Umstand auszunutzen, wird in dieser Arbeit versucht, die Vergleichsmatrizen auf diese Dimensionen zu beschränken. Zusätzlich finden beide Methoden Anwendung.

Rangvertauschung

Ein Axiom der Decision Analysis (DA) besagt, dass sich die Ordnungsrelation einer ursprünglichen Menge an Alternativen durch die Einführung einer zusätzlichen Alternative nicht verändern darf [87]. Es hat sich nun aber gezeigt, dass es beim klassischen AHP bei Verwendung des distributive mode zu einer Rangumkehrung oder auch rank reversal, also einer Veränderung der Ordnungsrelation durch Einführung einer zusätzlichen Alternative, kommen kann. Das Phänomen der Rangvertauschung ist unabhängig von den Konsistenzen der Matrizen und der gewählten Prioritätenberechnungsmethode. Sie ergibt sich ausschließlich aus der Wahl der Normalisierung [15;

16; 111]. Zur Lösung dieses Problems wurden alternative Arten der Normalisierung untersucht und vorgeschlagen, wie z. B. die B-G-Normalisierung, auch ideal mode genannt, oder die multiplikative Aggregationsmethode. Aber auch hier kann eine Rangvertauschung nicht ausgeschlossen werden [66].

Bei der Debatte um die Zulässigkeit von Rangvertauschungen kritisiert also eine Seite die Rangvertauschung, unter anderem wegen des Verstoßes gegen die Rationalität, während die andere Seite diese billigt bzw. unter bestimmten Umständen als gewünscht ansieht [79; 66]. Aufgrund der Rangvertauschung kann AHP heute am ehesten der relative measurement theory zugeordnet werden [18].

In der vorliegenden Arbeit wird davon ausgegangen, dass die Menge der Alternativen vollständig ist und nachträglich keine Alternativen hinzugefügt werden. Die Problematik der Rangvertauschung tritt hier folglich nicht auf.

Skalenproblematik

Ein weiterer Kritikpunkt am AHP ist die von Saaty verwendete Skala. Manche Autoren kritisieren das Fehlen eines Nullpunktes auf der Skala [33] sowie die Mehrdeutigkeit der verbalen Ausprägung der Skala [113; 34; 93; 98]. Wieder andere beanstanden, dass für Präferenzen kein absoluter Nullpunkt existieren kann. Somit könnten diese nicht durch eine Verhältnisskala dargestellt werden, die aber aufgrund der Paarvergleiche verwendet werden muss [9]. Saaty dagegen sieht in Verhältnisskalen die einzige Möglichkeit, Messgrößen zu aggregieren [105].

Um die vermeintlich existierenden Unzulänglichkeiten der Saaty-Skala zu beseitigen, wurden einige alternative Skalen entwickelt. Die verbale Ausprägung der Saaty-Skala wurde dabei aber kaum untersucht. Gegenstand der Forschung waren vor allem die numerischen Skalen [66]. Ein Überblick über viele Skalen findet sich in einem Paper von Ji und Jang [71]. Die führendste Skala neben der Originalskala ist die Balanced Scale [113; 18]. Bei der Balanced Scale wird davon ausgegangen, dass in der Saaty-Skala die lokalen Prioritäten $w = (w_1, w_2)$ durch die Zuordnung $w_1 = 1/(r+1)$, $w_2 = \frac{r}{r} + 1$ und gestützt durch die Verhältnisgrößen $r = \frac{1}{9}, ..., \frac{1}{2}, 1, 2, ..., 9$ ungleich verteilt sind. Dies soll durch diese Skalenart behoben werden [113]. Zur Veranschaulichung werden die beiden Skalen in Tabelle 3 gegenübergestellt.

Tabelle 3: Vergleich der Saaty-Skala mit der Balanced Scale [100; 113]

Verbale Ausprägung	Saaty-Skala	Balanced Scale
Gleiche Bedeutung	1	1
	2	1,22
Etwas größere Bedeutung	3	1,5

	4	1,86
Deutlich größere Bedeu-tung	5	2,33
	6	3
Sehr viel größere Bedeu-tung	7	4
	8	5,67
Absolut dominierend	9	9

Die Wahl der besten Skala ist schwierig, da die Effizienz einer Skala nicht durch subjektive Problemstellungen beurteilt werden kann. Die Debatte darüber wird auch in Zukunft fortgeführt werden [66]. Manche Autoren argumentieren, dass die Balanced Scale unter bestimmten Umständen der Saaty-Skala überlegen sei [93; 113]. Saaty selbst betrachtet die von ihm entwickelte Skala aber als die beste Lösung, um Gewichtungen darzustellen [105; 101]. Die richtige Wahl ist aber offenbar abhängig von der jeweiligen Situation und dem jeweiligen Problem [54; 93]. Da die Debatte über die passende Skala noch nicht abgeschlossen ist [18] und es sich gezeigt hat, dass die ursprüngliche Skala erfolgreich angewendet werden kann [71; 54], wird auch in der vorliegenden Arbeit diese Skala verwendet.

Fuzzy AHP

Eine sehr populäre Erweiterung zum klassischen AHP ist das sogenannte Fuzzy AHP [18]. Aufgrund der weiten Verbreitung dieses Ansatzes muss dieser in dieser Arbeit in Betracht gezogen werden.

Von den Vertretern des Fuzzy AHP wird argumentiert, dass ein Entscheider im Rahmen realer Probleme nicht in der Lage ist, die Ausgleichsraten für Paarvergleiche exakt anzugeben. Es sei nur eine ungefähre Vorstellung davon vorhanden, um wie viel das eine Ziel gegenüber dem anderen präferiert wird. Fuzzy-Mengen sollen dabei helfen, diese Unsicherheiten zu berücksichtigen. Durch diese lassen sich die nur größenmäßig bekannten Größen mathematisch beschreiben [98; 133; 22; 27]. Fuzzy-Mengen sind ein Bestandteil der Fuzzylogic, einer Theorie zur Modellierung von Unsicherheiten [139].

In der praktischen Anwendung kommen vor allem Fuzzy-Intervalle vom Typ $\varepsilon - \lambda$ zum Einsatz. Sie lassen sich durch sechs Werte ausreichend genau beschreiben und haben stückweise lineare Zugehörigkeitsfunktionen. Zudem lassen sich mit diesen arithmetische Rechnungen leicht durchführen [98].

Es stellte sich nun die Frage, inwieweit der Fuzzy AHP zur Lösung der gestellten Forschungsfrage nützlich bzw. notwendig ist. In der Vergangenheit hat der Fuzzy AHP
sehr viel Kritik erfahren. Ein Kritikpunkt ist, dass die mathematischen Operationen der
in der Regel verwendeten dreieckigen Fuzzy-Zahlen nur Näherungen sind. So ist das
Produkt zweier dreieckiger Fuzzy-Zahlen keine dreieckige Fuzzy-Zahl. Das Ergebnis
ist nicht linear. Dieser Umstand wird von einem Teil der Wissenschaft als notwendiges
Übel akzeptiert, um die Rechenkomplexität zu reduzieren. Wieder andere lehnen dies
ab [18; 35; 73]. Problematisch ist auch die fehlende Stabilität der Methode. Eine andere Rankingmethode kann zu anderen Ergebnissen führen. Eine einheitlich und vor-
rangig genutzte Methode existiert nicht [21]. Ein weiterer wichtiger Punkt ist auch, dass
der klassische AHP bereits Unsicherheiten berücksichtigt. Diese werden von manchen
als ausreichend angesehen [109]. Der klassische AHP wird deshalb auch als eine Variante des Fuzzy AHP gesehen [96]. Aufgrund dessen sowie aufgrund der berechtigten
Kritik wird auch in diesem Fall wieder auf das traditionelle AHP zurückgegriffen. Auch
das Argument, dass sich der Aufwand der Informationsgewinnung beim Fuzzy AHP
reduziert, wird nicht berücksichtigt [98], da davon ausgegangen wird, dass durch diese
Arbeit alle Informationen zur untersuchten Problemlösung vorhanden sind.

4.2   Eigene Untersuchung

Im Folgenden wird dargelegt, wie die Durchführung der Untersuchung vonstattenging.
Die Durchführung orientierte sich dabei an den aus Kapitel 4.1.1 bekannten Schritten.
Ergänzt wurde sie um eine Aggregation der Ergebnisse verschiedener Teilnehmer so-
wie eine Sensitivitätsanalyse.

Die Erörterungen zur Befragung umfassen dabei nicht nur das Vorgehen, sondern
auch die verwendeten Methoden, Erweiterungen sowie eingesetzten Technologien.
Befragt wurden Experten in Unternehmen, die mit Investitionen in Optimierungsmaßnahmen vertraut sind. Dazu wurde eine Onlinebefragung verwendet, da diese Art der
Befragung anderen überlegen ist [38].

4.2.1   Problemstrukturierung und Aufstellung der Hierarchie

Da es Ziel dieser Untersuchung ist, zu ermitteln, wie das Investitionsverhalten von In-
dustrieunternehmen in Bezug auf Energieeffizienzmaßnahmen im Vergleich zu anderen Optimierungsmaßnahmen ist, wurden in einem ersten Schritt die anderen Optimierungsmaßnahmen definiert.

Vier weitere Bereiche wurden dabei identifiziert. Es handelt sich um die Prozessopti-
mierung sowie die Optimierung der Qualität, der eingesetzten Technologie sowie der
Supply Chain [14; 29; 13]. Sie stellen mit der Energieeffizienz die Alternativen in der
AHP-Hierarchie dar.

Um nun diese Alternativen zu bewerten, war es notwendig, Kriterien zu finden, die bei Investitionsentscheidungen berücksichtigt werden. Diese wurden überwiegend der vorhandenen Literatur entnommen. Einzelne Kriterien wurden durch eigene Überlegungen ergänzt. Bei den Kriterien handelt es sich um:

- erwarteten monetären Nutzen,

- staatliche Förderungen (monetär, steuerlich oder andere Formen der Unterstützung) [56; 36],

- Wettbewerbsvorteile/Geschäftsmöglichkeiten [36],

- Rückstand gegenüber Mitbewerbern aufholen [36],

- Vorwegnahme künftiger Industriestandards/branchenspezifischer Entwicklungen [56; 36],

- Vorwegnahme künftiger Gesetzesänderungen [56; 36],

- Kundenerwartung/Image/Reputation [56; 36],

- Mitarbeiterzufriedenheit, -schutz,

- Umweltschutz/Nachhaltigkeit/Emissionsbilanz [56; 36].

Kriterien wie die Versorgungssicherheit [56] oder das Einhalten von Gesetzen werden nicht in die Hierarchie mit aufgenommen. Es ist davon auszugehen, dass sie bei der Befragung immer eine maximale Ausprägung erhalten würden und somit bei der Bewertung der Alternativen keinen Nutzen aufweisen.

Im Anschluss wurden alle identifizierten Alternativen und Kriterien in einer Hierarchie angeordnet (s. Abbildung 11). Eine weitere Unterteilung der Kriterien wäre nun möglich gewesen, zum Beispiel in wirtschaftliche, sozial und rechtliche Kriterien [84]. Auf der einen Seite hätte das zwar die Anzahl der Paarvergleiche reduziert, es hätte aber die Gefahr bestanden, dass ein Kriterium allein aufgrund der Tatsache, dass es mehrere Unterkriterien hat, eine höhere Gewichtung erhält [66]. Deshalb wurde auf eine weitere Unterteilung verzichtet und eine flache Hierarchie gewählt.

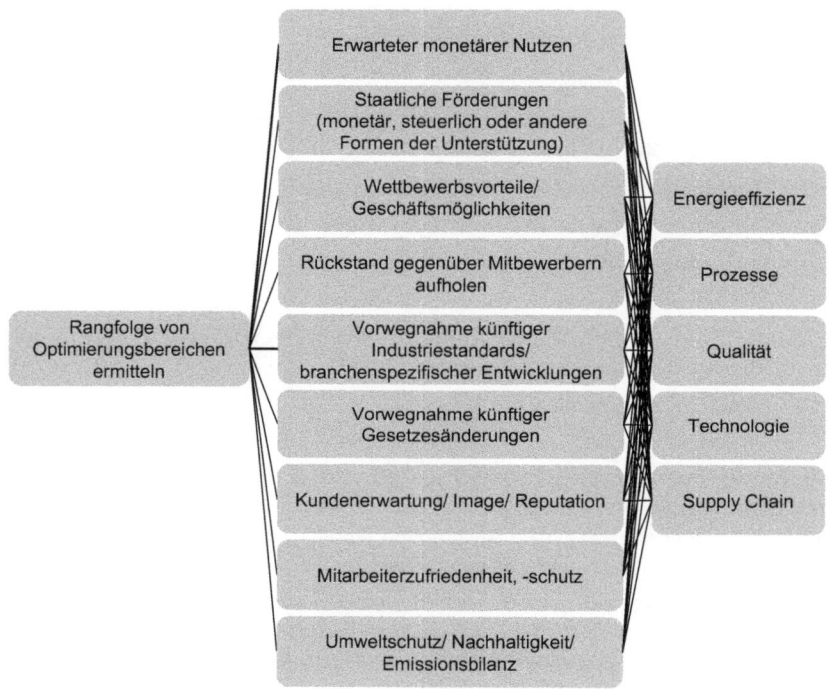

Abbildung 11: Hierarchie zur Ermittlung der Rangfolge von Optimierungsbereichen

Nun lässt sich die Anzahl der zu tätigenden Paarvergleiche berechnen. Dies ist wichtig, da die Paarvergleiche einen direkten Rückschluss auf die Dauer der Befragung zulassen [135]. Dauert eine Befragung zu lange, kann es beim Befragten zu Informationsüberflutung, Verwirrtheit, Langweile, Unaufmerksamkeit oder Unproduktivität kommen [26]. Die Dauer einer Befragung hat also direkte Auswirkungen auf die Qualität der gewonnenen Daten [136].

Die Anzahl der Paarvergleiche für ein Kriterium berechnet sich wie folgt (mit $n =$ *Anzahl der Alternativen*) [135]:

$$n(n-1)/2 \qquad\qquad (4.8)$$

Formel (4.8) ist auch für die Vergleiche der Kriterien untereinander gültig (dann mit $n = $ *Anzahl der Kriterien*).

Die Minimalanzahl an Vergleichen ist $n - 1$. Alle zusätzlichen Vergleiche sind redundant und dienen nur dazu, das Ergebnis fehlerresistenter zu machen [26].

Mit Formel (4.8) ergeben sich für die verwendete Hierarchie insgesamt 126 Paarvergleiche. Wird davon ausgegangen, dass jeder Vergleich etwa 36 Sekunden dauert [135; 81], würde die Befragung etwa 76 Minuten in Anspruch nehmen.

Nicht nur aufgrund der oben genannten Argumente, sondern auch wegen der Rücklaufquote muss also die Anzahl der Paarvergleiche reduziert werden. Eine Befragung mit einer Dauer von 15 bis 30 Minuten hat eine höhere Rücklaufquote als eine mit einer Dauer von 30 bis 45 Minuten. Deshalb wird in dieser Arbeit die erstere Zeitspanne angestrebt [44].

Um die Befragungsdauer zu reduzieren, wurden durch Forscher verschiedene Vorgehensweisen entwickelt. Einige davon sind:

- Aufteilen eines Fragebogens auf mehrere Experten [136],
- Löschen von Attributen [136],
- Löschen von Paarvergleichen [26],
- Algorithmen, die auf Inkonsistenzen hinweisen, alternative Antwortmöglichkeiten aufzeigen sowie beraten [67],
- Algorithmen, die in der Lage sind, die Befragung zu beenden, wenn eine ausreichend konsistente Antwort erreicht worden ist [52; 53], ergänzt durch die Einführung zusätzlicher Antwortmöglichkeiten (z. B. „Ich weiß es nicht" bzw. „Ich bin mir nicht sicher") [51] bzw. solcher, die die wichtigsten Fragen identifizieren, um dann nur diese beantworten zu müssen [81],
- Mischformen verschiedener Algorithmen und Vorgehensweisen [135],
- Verwendung absoluter Skalen [102],
- Cluster und Pivot-Punkte [64; 121; 130].

Die Aufteilung eines Fragebogens schien für diese Arbeit nicht praktikabel, da Experten gefunden werden mussten, die exakt dasselbe Profil aufweisen (ähnliche Sparte, Unternehmensgröße etc.) und bereit waren, die Befragung durchzuführen.

Es scheint zwar möglich, dass bis zu 50 % der Paarvergleiche willkürlich gelöscht werden können und noch ausreichend akkurate Ergebnisse gewonnen werden [26] oder

Attribute eliminiert werden [136]. Es bestand aber die Gefahr, dass durch dieses Vorgehen die Ergebnisse nach der Auswertung nicht ausreichend belastbar gewesen wären. Dieselbe Befürchtung bestand bei der Verwendung absoluter Skalen [102; 82].

Die Verwendung von Algorithmen wird vom Autor als die fortschrittlichste Lösung angesehen, da sie die Komplexität der Befragung sowohl für den Befragten als auch den Befrager erheblich reduzieren. Allerdings existieren diese überwiegend nur als stationäre Programme. Vereinzelt sind Onlinelösungen verfügbar, diese sind aber auf eine Person oder auf einen vorab festgelegten Personenkreis begrenzt. Sie eignen sich also nicht, um eine Befragung im größeren Rahmen durchzuführen. Bei manchen Firmen scheiterte auch die Kontaktaufnahme. Eine eigene Implementierung erschien zu aufwendig.

Es wurde deshalb entschieden, Cluster und Pivot-Punkte zu verwenden. Bei dieser Methode werden die Ebenen der Hierarchie auf Cluster aufgeteilt. Diese Cluster verfügen über einen gemeinsamen Punkt, den Pivot-Punkt. Über diesen lassen sich die Cluster mathematisch verbinden [64; 121; 130].

Ein Beispiel mit 5 Kriterien und 9 Alternativen findet sich in Abbildung 12. Ohne Cluster wären hier 190 Paarvergleiche erforderlich. Mit Cluster reduziert sich die Anzahl auf 81 Vergleiche [64].

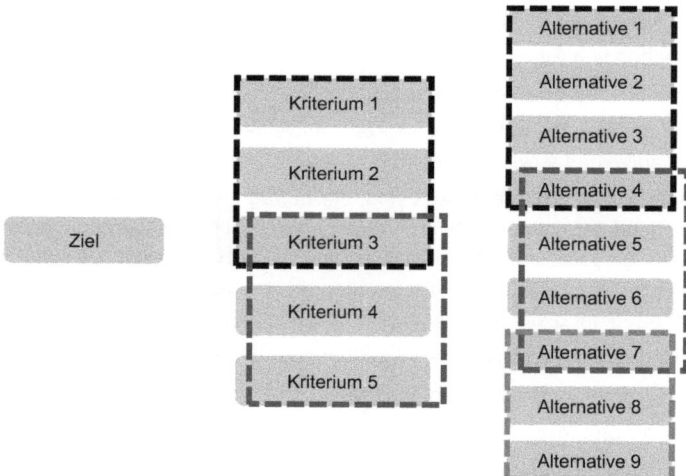

Abbildung 12: Beispielhierarchie mit Cluster

Wird diese Methode nun auf die vorgestellte Hierarchie angewendet, so ergeben sich 2 Cluster für die Alternativen sowie 3 Cluster für die Kriterien. Damit reduziert sich die

Anzahl der Paarvergleiche auf 69. Dies würde etwa 40 Minuten entsprechen. In einem Test hat sich aber gezeigt, dass die tatsächliche Zeit etwa 20 Minuten entspricht und somit genau in das zuvor festgelegte Zeitschema passt. Alle Cluster wurden durch den Autor in Zusammenarbeit mit einem Experten vorsortiert und der entscheidende Pivot-Punkt ausgewählt. Dadurch weisen alle Elemente eines Clusters einen starken Asso-ziationsgrad auf [64]. Die Hierarchie findet sich in Abbildung 13.

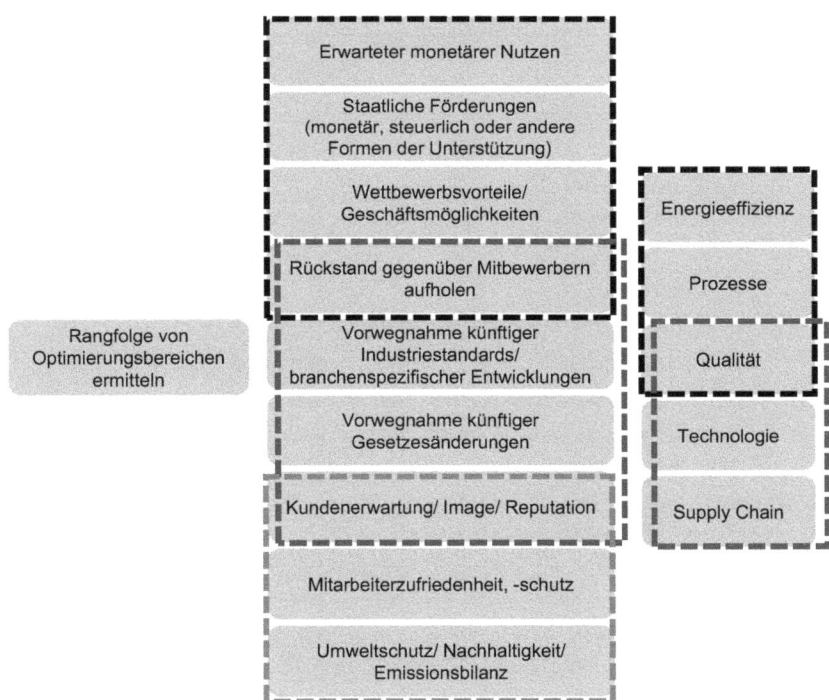

Abbildung 13: Hierarchie zur Ermittlung der Rangfolge von Optimierungsbereichen mit Cluster

Neben der Reduktion der Paarvergleiche hat diese Methode weitere Vorteile. Durch die Verwendung kleiner Cluster, also kleiner Matrizen, ist, wie schon zuvor angeführt, die Wahl der passenden Prioritätenberechnungsmethode nicht relevant, da nahezu gleiche Ergebnisse resultieren. Zusätzlich werden bei kleinen Matrizen Inkonsistenzen vermieden, da diese bei größeren eher auftreten. Zusätzlich lassen sich Alternativen vergleichen, die normalerweise schwierig zu vergleichen sind [64].

Die Elemente der Cluster wurden nun in Matrizen arrangiert. In der Befragung wurden dann nacheinander die Paarvergleiche der oberen Diagonale abgefragt und dann zur nächsten oberen Diagonale gewechselt (s. Abbildung 14). Werden die Paarvergleiche Zeile für Zeile abgefragt, besteht nämlich die Gefahr, dass die psychologische Unabhängigkeit der Vergleiche, die ein Vorteil des AHP ist, aufs Spiel gesetzt wird [67].

1	2			
	1	1		
		1	0,25	
			1	0,5

Abbildung 14: Erste obere Diagonale über der Hauptdiagonale

Zusätzlich zum AHP wurden Filterfragen entwickelt, um die Ergebnisse besser einordnen zu können. Es handelt sich dabei um:

- Wie alt sind Sie?
- Über wie viele Jahre der Berufserfahrung verfügen Sie insgesamt?
- Wie viele Mitarbeiter sind in Ihrem Unternehmen beschäftigt?
- Welchem Gewerbe ordnen Sie Ihr Unternehmen zu?
- In welchen Bereich würden Sie in Bezug auf Optimierungsmaßnahmen am ehesten investieren?

Bei den ersten beiden Fragen war die Eingabe von Zahlen erforderlich. Sie gaben Aufschluss über das Fachwissen des Befragten [78].

Mit der Frage der Mitarbeiterzahl konnte auf die Unternehmensgröße geschlossen werden [78]. Hier wurden mehrere Bereiche zur Auswahl vorgegeben (weniger als 10; zwischen 10 und 49; zwischen 50 und 250; mehr als 250). Diese basierten auf der Definition der Europäischen Kommission zu Unternehmensgrößen [37].

Die Abfrage des Gewerbes war notwendig, um etwaige Unterschiede in den verschiedenen Bereichen zu erkennen. Hier war wieder eine Auswahl basierend auf der in Deutschland üblichen Klassifikation der Wirtschaftszweige des produzierenden Gewerbes vorgegeben [127]. Mit der letzten Frage wurde überprüft, inwieweit die Selbstauskunft mit dem errechneten Ergebnis übereinstimmt.

4.2.2   Bewertung der Hierarchieelemente im Paarvergleich

Wie schon zuvor angeführt sollte diese Befragung online durchgeführt werden. Dazu wurden verschiedene Softwarepakete bzw. Anbieter, die Befragungen ermöglichen, verglichen und getestet. Letztlich wurde entschieden, die Software LimeSurvey zu verwenden [116]. Diese ist Open Source und scheint in diesem Bereich die am aktivsten in der Entwicklung befindliche Software zu sein [47]. Ihre Vorteile sind unter anderem, dass sie auf einem eigenen Webserver betrieben werden kann [116]. Dieser Umstand wurde für diese Arbeit genutzt. Dadurch konnte sichergestellt werden, dass die gesammelten Daten nicht in fremde Hände gelangen. Dies ist vor allem vor dem Hintergrund der immer wieder geführten Debatte über Datenschutz wichtig. Des Weiteren lässt sie sich in allen Bereichen individuell anpassen. Auch die für den AHP wichtige Skala von 9 bis 1 bis 9 ist möglich. Zusätzlich zur numerischen Skala wurde dem Befragten zum besseren Verständnis bzw. einer höheren Konsistenz auch die verbale Ausprägung der Skala gezeigt [59]. Screenshots der Befragung (ohne Logo und Zusatzerklärungen) befinden sich in Anhang A.

4.2.3   Berechnung der Gewichte der Elemente einer Ebene

Nach der Abfrage der Bewertungen wurden die Ergebnisse aus LimeSurvey exportiert und in Excel importiert. Hier wurde in einem ersten Schritt der Näherungswert des Eigenvektors für alle Matrizen ermittelt. Die Berechnung erfolgte dabei über die Potenzmethode, auch von-Mises-Iteration genannt [83; 74; 75]. Diese Methodik wurde dabei über ein Add-in in Excel implementiert. Dieses nennt sich MATRIX and LINEAR ALGEBRA Package For EXCEL bzw. Matrix.xla. Dieses findet sich ebenfalls in Anhang B. Verwendet wurde Version 2.3. Für die erste Iteration wählt dieses Add-in einen zufälligen Startvektor ungleich null. Dieser wird mit der jeweiligen Matrix multipliziert und das daraus erhaltene Ergebnis wiederum mit der gleichen Matrix [43].

Insgesamt wurden maximal 1000 Iterationen durchgeführt. Es hat sich gezeigt, dass dies zur Ermittlung der Eigenvektoren ausreichend war und somit hinreichend genaue Werte ermittelt werden konnten. Die Eigenvektoren wurden anschließend normiert. Sie sind die Prioritätsvektoren der jeweiligen Matrix. Zusätzlich wurden die Prioritätenvektoren über die Geometric-Mean-Methode berechnet. Der Vektor setzt sich dabei aus dem geometrischen Mittel der zugehörigen Zeile zusammen.

4.2.4   Überprüfung der Konsistenz der Bewertungen

Im nächsten Schritt wurde die Konsistenz der Eingaben überprüft. Dazu wurde der von Saaty entwickelte Konsistenzindex verwendet. Da davon auszugehen war, dass die befragten Experten nicht mit dem AHP und noch weniger mit einer Onlineumsetzung davon vertraut sind, wurde nicht strikt an der von Saaty vorgegebenen 0,1- bzw. 0,2-Regel festgehalten. Personen, denen der AHP bekannt ist bzw. die mit diesem Erfahrungen gesammelt haben, sind in der Regel bei der Befragung konsistenter [78; 103].

Sehr inkonsistente Antworten wurden aus der Auswertung ausgeschlossen. Die Berechnung des Eigenwertes für den CR erfolgte wiederum über die Potenzmethode in

Kombination mit dem Rayleigh-Koeffizienten über die Matrix.xla [43]. Die Formel zur Berechnung wurde aus Kapitel 4.1.1 übernommen.

Um die Konsistenz noch besser beurteilen zu können, wurde ein zusätzlicher Konsistenzindex verwendet. Dieser wird im Folgenden mit CI* bezeichnet. Er hat den Vorteil, dass er einfach zu benutzen ist. Er ist eine Funktion der Dimension der Matrix und ist auch auf andere Arten reziproker Matrizen anwendbar. Die Berechnung erfolgt über die Determinante bzw. Unterdeterminante (T_i) der jeweiligen Matrix (s. dazu Formel (4.9) und (4.10)) [91].

$$
NT(M_{n \times n}) = \begin{cases} 0, & x < 3 \\ \dfrac{n!}{(n-3)!}, & x \geq 3 \end{cases}
\tag{4.9}
$$

$$
CI^*(M_{n \times n}) = \begin{cases} 0, & n < 3 \\ det(M_{n \times n}), & n = 3 \\ \dfrac{1}{NT(M_{n \times n})} * \displaystyle\sum_{i=1}^{NT(M_{n \times n})} CI^*(T_i), & n > 3 \end{cases}
\tag{4.10}
$$

Der CI* wurde auch deshalb als geeignet erachtet, da er wichtige Richtlinien erfüllt, die durch die Forscher Brunelli und Fedrizzi gefordert wurden. Der ursprüngliche CI erfüllt deren Axiome ebenfalls [20]. Der CI* ist des Weiteren proportional zum Konsistenzindex c3 und deckt folglich dessen Funktion ebenfalls ab [19]. Der Koeffizient c3 basiert auf dem charakteristischen Polynom der jeweiligen Paarvergleichsmatrix [122; 123; 88].

Zur Bewertung der Inkonsistenzen wurde sich in etwa am Grenzwert des CI orientiert. Für das klassische 0,1-Perzentil bedeutet das einen CI*-Grenzwert von 0,166 für 3×3-Matrizen und 2,098 für 4×4-Matrizen [91]. Der Ausschluss von Teilnehmern bzw. Antwortsätzen aufgrund der Inkonsistenzen wurde von Fall zu Fall individuell entschieden.

4.2.5 Berechnung der Gewichte für die gesamte Hierarchie

Um die Gewichte für die gesamte Hierarchie zu berechnen, mussten die einzelnen Cluster verbunden werden. Dazu existieren zwei Varianten zur Berechnung, die aber dasselbe Ergebnis liefern. Bei beiden wird der Pivot-Punkt vereinheitlicht, dann die Vektoren verknüpft und anschließend normiert [121; 64].

Bei der ersten Variante wird der Pivot-Punkt in beiden Vektoren auf 1 gebracht. Existieren nun zum Beispiel zwei Vektoren (0,8994; 0,4064; 0,0558; 0,1512), (0,9553;

0,0991; 0,2770; 0,1966) und die erste Zahl der Vektoren ist der Pivot-Punkt, dann wird der eine Vektor durch 0,9553 und der andere durch 0,8994 geteilt. Werden die Vektoren verknüpft, ergibt sich (1; 0,4519; 0,0620; 0,1681; 0,1037; 0,2900; 0,2058). Wird dieser normiert, lautet er (0,4383; 0,1981; 0,0272; 0,0737; 0,0455; 0,1271; 0,0902) [121].

In der zweiten Variante wird anfangs nur der zweite Vektor verändert, indem dieser mit dem Verhältnis der Pivot-Punkte multipliziert wird [64]. Wird das vorherige Beispiel auf die zweite Variante angewendet, so wird mit (0,8994/0,9553) multipliziert. Der zweite Vektor lautet dann (0,8994; 0,0933; 0,2608; 0,1851). Wird dieser nun mit Vektor 1 verknüpft, ergibt sich (0,8994; 0,4064; 0,0558; 0,1512; 0,0933; 0,2608; 0,1851). Wird dieser normiert, ergibt sich derselbe Vektor wie in Variante 1. In dieser Arbeit wurde die zweite Variante sowohl auf die Kriterien als auch auf die Alternativen angewendet.

4.2.6   Aggregation der Einzelbewertungen zu Gruppenentscheidungen

Anders als beim klassischen AHP wurden in dieser Arbeit mehrere Experten befragt, deren Ergebnisse bzw. Prioritäten im Nachgang aggregiert wurden. Die Aggregation erfolgte durch das gewichtete geometrische Mittel, da es sich im wissenschaftlichen Kontext in Bezug auf den AHP durchgesetzt hat. Nach der Aggregation wurde das Ergebnis wiederum normalisiert [18].

4.2.7   Sensitivitätsanalyse

Ebenfalls zusätzlich zum klassischen AHP wurde eine Sensitivitätsanalyse durchgeführt. Sensitivitätsanalysen sind im MCDM nützlich, da die untersuchten Probleme oft unpräzise und veränderbar sind. Die Vorgehensweise bei der Analyse stützte sich auf ein Paper von Triantaphyllou und Sánchez. Sie schlugen eine Sensitivitätsanalyse vor, die auf mehrere Methoden, also nicht nur den AHP, anwendbar ist. Mit ihr lässt sich das tatsächlich entscheidende Kriterium identifizieren. Dieses ist nicht wie oft angenommen das Kriterium mit dem höchsten Gewicht [132].

In einem ersten Schritt wurde der Störungswert $\delta_{k,i,j}$ $(1 \leq i \leq j \leq M \; und \; 1 \leq k \leq N)$ berechnet (s. Formel (4.11)). Er gibt Auskunft über die kleinste Änderung in der Gewichtung W_k des Kriteriums C_k, die notwendig ist, um eine Rangvertauschung der Alternativen A_i und A_j zu verursachen. k gibt Auskunft über das jeweilige Kriterium und i, j über die jeweilige Alternative. M ist die Anzahl der Alternativen und N die der Kriterien.

$$\delta_{k,i,j} = \frac{(P_j - P_i)}{(a_{j,k} - a_{i,k})} \; mit \; (1 \leq i \leq j \leq M \; und \; 1 \leq k \leq N) \qquad (4.11)$$

P_j beschreibt den nachfolgenden, also kleineren Prioritätswert des finalen Prioritäts-vektors und P_i den größeren. Ebenso verhält es sich mit $a_{j,k}$ und $a_{i,k}$. Diese beschrei-ben die Gewichte der Prioritätsvektoren der Kriterien in Bezug auf die Alternativen. So werden nach und nach alle möglichen Rangfolgen berechnet. Das Ergebnis wird in einer Matrix angeordnet. Der Wert $\delta_{k,i,j}$ muss kleiner oder gleich dem zugehörigen Gewicht des Prioritätsvektors der Kriterien sein, da es ansonsten nicht akzeptiert wer-den kann [132].

Zusätzlich wurde die prozentuale Veränderung, die denselben Bedingungen unterliegt, berechnet:

$$\delta'_{k,i,j} = \frac{(P_j - P_i)}{(a_{j,k} - a_{i,k})} * \frac{100}{W_k} \; mit \; (1 \leq i \leq j \leq M \; und \; 1 \leq k \leq N) \qquad (4.12)$$

Die erhaltene Matrix wird im Anschluss ausgewertet. Das heißt, dass in einem ersten Schritt ermittelt wird, welcher Wert der ausschlaggebende dafür ist, dass es für die erste Alternative zur Rangvertauschung kommt. Dazu wird in allen Reihen, die mit der ersten Alternativen in Verbindung stehen, der kleinste Betragswert gesucht. Dieser Wert wird Percent Top genannt.

Der ausschlaggebende Wert, der eine Rangvertauschung zwischen allen Alternativen zur Folge hat, wird als Percent Any bezeichnet. Dazu muss der kleinste Betragswert innerhalb der gesamten Matrix gefunden werden.

Für die absoluten Werte ist das Vorgehen äquivalent. Die zugehörigen Werte heißen Absolut Top und Absolut Any.

Um nun das insgesamt sensitivste Kriterium zu bestimmen, wurde der Sensitivitätsko-effizient bestimmt. Siehe dazu Formel (4.13) und (4.14) [132; 66].

$$sens(C_k) = \frac{1}{D'_k} \, mit \, N \geq k \geq 1 \qquad (4.13)$$

$$D'_k = \min_{1 \leq i \leq j \leq M} \{|\delta'_{k,i,j}|\} \, mit \, N \geq k \geq 1 \qquad (4.14)$$

4.3   Ergebnisse

Im Folgenden werden die Ergebnisse der Befragung vorgestellt. Der erste Teil des Kapitels konzentriert sich auf eine allgemeine statistische Auswertung basierend auf den Filter-fragen. Im zweiten Teil wird der AHP ausgewertet. Im letzten Teil werden darauf auf-bauend die Ergebnisse der Sensitivitätsanalyse vorgestellt.

4.3.1   Statistische Auswertung

Für die statistische Betrachtung wurden nur diejenigen Ergebnisse berücksichtigt, die auch den Anforderungen des AHP genügten. Das gewährleistete eine Vergleichbarkeit der Resultate. Die ursprünglich 84 vollständig ausgefüllten Datensätze reduzierten sich auf 60, da die Inkonsistenzen der nicht einbezogenen Ergebnisse zu hoch waren. Für den AHP und die statistische Auswertung ist die Teilnehmerzahl ausreichend re-präsentativ [108; 80; 77; 134].

Aufgrund der Fragestellung, der gezielt durchgeführten Befragung sowie der Berück-sichtigung der Konsistenzwerte wird davon ausgegangen, dass ausschließlich sach-kundige Personen an der Befragung teilgenommen haben. Auch aufgrund der langen Berufserfahrung von durchschnittlich etwa 27 Jahren mit einem Durchschnittsalter von circa 50 Jahren wird auf ein hohes Fachwissen der Befragten geschlossen.

Wie schon in der Forschungsfrage definiert, wurde das produzierende Gewerbe unter-sucht. Hier hat sich ergeben, dass 98 % der Teilnehmer im verarbeitenden Gewerbe beschäftigt waren. Die restlichen 2 % konnten der Abwasserentsorgung zugeordnet werden.

Die 4 größten Bereiche des verarbeitenden Gewerbes waren der Maschinenbau (25,42 %), die Herstellung elektrischer Ausrüstung (20,34 %), die Herstellung von Kraftwagen und Kraftwagenteilen (18,64 %) sowie die Herstellung von Datenverarbei-tungsgeräten sowie elektronischen und optischen Erzeugnissen (15,25 %). Der Rest verteilte sich auf verschiedene Bereiche mit jeweils geringerer Teilnehmerzahl (20,34 %) (s. Abbildung 15).

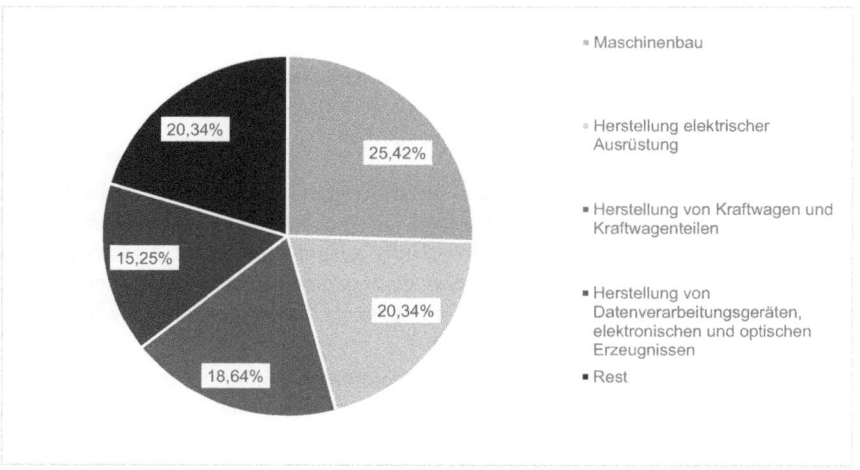

Abbildung 15: Verteilung der Teilnehmer im verarbeitenden Gewerbe

Ausgehend von der Mitarbeiterzahl wurde auf die Unternehmensgröße geschlossen [78]. Es zeigte sich, dass die meisten Teilnehmer in großen Unternehmen beschäftigt waren (75 %). Mit einem Anteil von 18,33 % folgten mittlere und mit 6,67 % kleine Unternehmen. Teilnehmer, die in sogenannten Kleinstunternehmen beschäftigt waren, nahmen nicht an der Befragung teil (s. Abbildung 16).

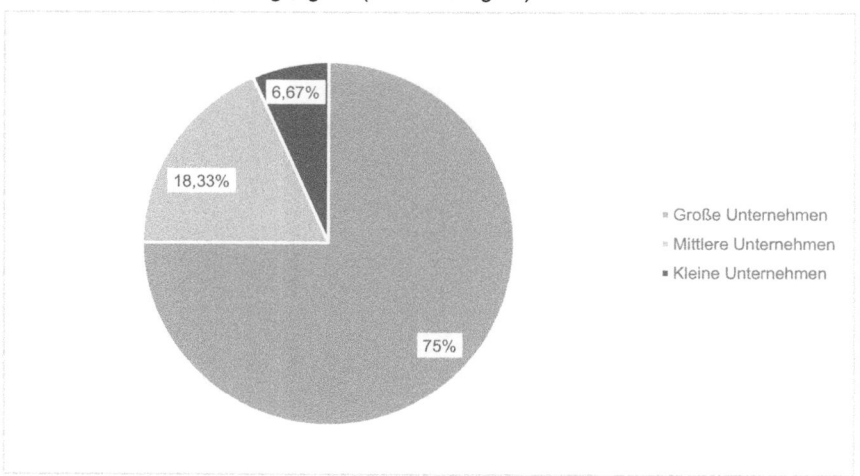

Abbildung 16: Verteilung der Teilnehmer in Bezug auf die Unternehmensgröße

Bei der Betrachtung aller konsistenten Datensätze antworteten 35 % auf die Frage, in welchem Bereich sie momentan am ehesten in Optimierungsmaßnahmen investieren würden, mit Technologie. Ebenfalls 35 % gaben Prozesse als Priorität an. Nur 11,67 % wählten Energieeffizienz. Qualität sowie die Supply Chain hatten nur einen Anteil von jeweils 3,33 %. 11,67 % machten keine Angabe oder nutzten ausschließlich die Möglichkeit, zu kommentieren (s. Abbildung 17).

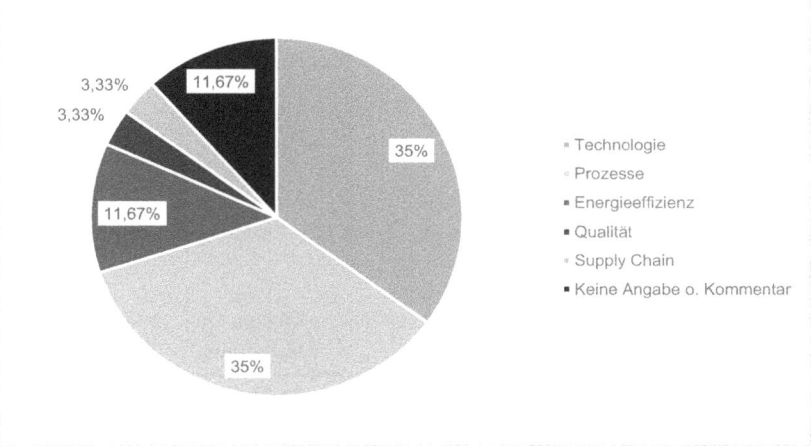

Abbildung 17: Verteilung der Teilnehmer in Bezug auf den präferierten Bereich

In allen 5 Bereichen des verarbeitenden Gewerbes sowie in kleinen, mittleren und großen Unternehmen war die Verteilung ähnlich. Das heißt, dass entweder Prozesse oder die eingesetzte Technologie priorisiert wurden (s. Tabelle 4 und Tabelle 5).

Tabelle 4: Verteilung der Teilnehmer in Bezug auf ihre Präferenz (verarbeitendes Gewerbe)

	Maschinen-bau	Elektrische Ausrüstung	Datenverar-beitungsge-räte, elektro-nische und optische Er-zeugnisse	Kraftwagen und Kraft-wagenteile	Rest
Techno-logie	33,33 %	**41,67 %**	**33,33 %**	**27,27 %**	**33,33 %**

Prozesse	53,33 %	41,67 %	22,22 %	27,27 %	25,00 %
Energie-effizienz	13,33 %	8,33 %	11,11 %	27,27 %	
Qualität		8,33 %			8,33 %
Supply Chain			11,11 %		8,33 %
Keine An-gabe o. Kommen-tar			22,22 %	18,18 %	25,00 %

Tabelle 5: Verteilung der Teilnehmer in Bezug auf ihre Präferenz (Unternehmens-größen)

	Große Unter-nehmen	Mittlere Un-ternehmen	Kleine Unter-nehmen
Technologie	33,33 %	36,36 %	50,00 %
Prozesse	35,56 %	36,36 %	25,00 %
Energieeffizienz	11,11 %	18,18 %	
Qualität	2,22 %		25,00 %
Supply Chain	4,44 %		
Keine Angabe o. Kommentar	13,33 %	9,09 %	

4.3.2 Auswertung des AHP

Die Ergebnisse des vorangegangenen Kapitels decken sich zum Teil mit den Ergeb-nissen des AHP. Hier zeigte sich nach der Aggregation aller konsistenten Resultate, dass aktuell bei Investitionen auf die Optimierung der eingesetzten Technologie ge-setzt wird. In der Rangfolge folgten Qualität, Prozesse und Energieeffizienz. Die nied-rigste Priorität hatte die Optimierung der Supply Chain.

Da das Ergebnis der Geometric-Mean-Methode in der Auswertung nahezu identisch ist mit dem der Eigenvektormethode, werden im weiteren Verlauf nur noch die Ergeb-nisse der Geometric-Mean-Methode besprochen. Dies bezieht sich sowohl auf die Kri-terien als auch auf die Sensitivitätsanalyse. Bei beiden Methoden wurde zur Aggrega-tion der Prioritätsvektoren das geometrische Mittel verwendet.

Zur weiteren Prüfung der Ergebnisse wurden anstatt der Prioritätsvektoren auch die Einzelergebnisse über das geometrische Mittel aggregiert, um wiederum über die Geometric-Mean-Methode die finalen Prioritäten zu erhalten. Dieses Ergebnis deckte sich mit den anderen Ergebnissen. Einen Überblick der Prioritäten der verschiedenen Methoden findet sich in Tabelle 6.

Tabelle 6: Prioritäten der Alternativen

	Geometric-Mean-Methode	Eigenvektor-methode	Geometric-Mean-Methode mit Einzelbewertungen
Technologie	0,2949	0,2952	0,2955
Qualität	0,2202	0,2208	0,2212
Prozesse	0,1857	0,1854	0,1853
Energieeffizienz	0,1723	0,1717	0,1712
Supply Chain	0,1269	0,1268	0,1268

Weiterhin wurden die einzelnen Bereiche des verarbeitenden Gewerbes separat betrachtet. In fast allen lag die Technologie auf dem ersten Platz. Nur bei der Herstellung von Kraftwagen und Kraftwagenteilen rutschte diese auf Platz 2. Hier wurde die Qualität priorisiert. Die Supply Chain war in fast allen Bereichen am unpopulärsten. Eine Übersicht dieser Prioritäten findet sich in Tabelle 7.

Tabelle 7: Prioritäten der Alternativen (verarbeitendes Gewerbe)

	Maschinen-bau	Elektrische Ausrüstung	Datenverarbeitungsgeräte, elektronische und optische Erzeugnisse	Kraftwagen und Kraftwagenteile	Rest
Technologie	**0,2773**	**0,3258**	**0,3235**	0,2658	**0,3007**
Qualität	0,2540	0,2183	0,1914	**0,2872**	0,1474
Prozesse	0,1784	0,1711	0,2097	0,1742	0,1864
Energieeffizienz	0,1590	0,1630	0,1237	0,1810	0,2254

Supply Chain	0,1313	0,1218	**0,1517**	0,0919	0,1400

Bei der Betrachtung der Unternehmensgrößen zeigte sich ebenfalls ein ähnliches Ergebnis. Technologie steht bei allen auf dem ersten Platz, Qualität bei großen und kleinen auf dem zweiten. Nur bei mittleren Unternehmen befindet sich die Qualität an dritter Stelle. Hier nehmen Prozesse den zweiten Platz ein. Bei allen Unternehmensgrößen befand sich die Supply Chain auf dem letzten Platz.

Tabelle 8: Prioritäten der Alternativen (Unternehmensgrößen)

	Große Unternehmen	Mittlere Unternehmen	Kleine Unternehmen
Technologie	**0,2891**	**0,3031**	**0,2956**
Qualität	0,2215	0,2161	0,2540
Prozesse	0,1771	0,2282	0,1571
Energieeffizienz	0,1851	0,1332	0,1481
Supply Chain	0,1272	0,1193	0,1452

Bei der Auswertung der Kriterien ergab sich, dass das wichtigste Kriterium bei Investitionsentscheidungen in diesem Bereich die Kundenerwartung bzw. das Image, die Reputation ist. Darauf folgten mit jeweils ähnlichem Präferenzgrad Wettbewerbsvorteile/ Geschäftsmöglichkeiten, Mitarbeiterzufriedenheit, -schutz, Umweltschutz/Nachhaltigkeit/Emissionsbilanz, der erwartete monetäre Nutzen sowie die Vorwegnahme künftiger Industriestandards/branchenspezifischer Entwicklungen.

Unwichtig dagegen erschienen die Kriterien Rückstand gegenüber Mitbewerbern aufholen, Vorwegnahme künftiger Gesetzesänderungen und staatliche Förderungen (monetär, steuerlich oder andere Formen der Unterstützung) (s. Tabelle 9).

Tabelle 9: Prioritäten der Kriterien

Kundenerwartung/Image/Reputation	0,2531
Wettbewerbsvorteile/ Geschäftsmöglichkeiten	0,1491
Mitarbeiterzufriedenheit, -schutz	0,1284
Umweltschutz/Nachhaltigkeit/Emissionsbilanz	0,1261

Erwarteter monetärer Nutzen	0,1219
Vorwegnahme künftiger Industriestandards/ branchenspezifischer Entwicklungen	0,0949
Rückstand gegenüber Mitbewerbern aufholen	0,0522
Vorwegnahme künftiger Gesetzesänderungen	0,0516
Staatliche Förderungen (monetär, steuerlich oder andere Formen der Unterstützung)	0,0228

Auf eine detaillierte Beschreibung der Kriterien in Bezug auf die verschiedenen Bereiche oder bei verschiedenen Unternehmensgrößen wird verzichtet, da sie nicht im Fokus dieser Arbeit stehen.

Ein Vergleich der Selbstauskunft bezüglich des priorisierten Bereichs mit dem Ergebnis des AHP ergab, dass diese in etwa 40 % der Fälle übereinstimmte. Im Maschinenbau gab es 33 %, bei der Herstellung elektrischer Ausrüstung 17 %, bei der Herstellung von Kraftwagen und Kraftwagenteile 56 % und bei der Herstellung von Datenverarbeitungsgeräten, elektronischen und optischen Erzeugnissen 43 % Übereinstimmung. Beim Rest des verarbeitenden Gewerbes waren es 56 %. Bei großen Unternehmen betrug die Übereinstimmung 36 %, bei mittleren 30 % und bei kleinen 75 %.

Dies zeigt, dass ein Individuum in der Lage ist, eine annähernd genaue Präferenz anzugeben. Durch die Verwendung des AHP kann dies aber einfacher und in manchen Fällen besser erfolgen.

4.3.3 Sensitivitätsanalyse

Zusätzlich zum AHP wurde eine Sensitivitätsanalyse durchgeführt. Mit ihr soll analysiert werden, wie empfindlich die Ergebnisse auf Änderungen der Prioritäten der Kriterien reagieren. Im Folgenden werden zur einfacheren Darstellung Codierungen für die Alternativen (s. Tabelle 10) und Kriterien (s. Tabelle 11) verwendet.

Tabelle 10: Codierung der Alternativen

Codierung	Entsprechung
A1	Technologie
A2	Qualität
A3	Prozesse
A4	Energieeffizienz
A5	Supply Chain

Tabelle 11: Codierung der Kriterien

Codierung	Entsprechung
C1	Erwarteter monetärer Nutzen
C2	Staatliche Förderungen (monetär, steuerlich oder andere Formen der Unterstützung)
C3	Wettbewerbsvorteile/ Geschäftsmöglichkeiten
C4	Rückstand gegenüber Mitbewerbern aufholen
C5	Vorwegnahme künftiger Industriestandards/branchenspezifischer Entwicklungen
C6	Vorwegnahme künftiger Gesetzesänderungen
C7	Kundenerwartung/Image/Reputation
C8	Mitarbeiterzufriedenheit, -schutz
C9	Umweltschutz/Nachhaltigkeit/Emissionsbilanz

Für die Analyse wird die vollständige Entscheidungsmatrix verwendet (s. Tabelle 12).

Tabelle 12: Entscheidungsmatrix

	C1	C2	C3	C4	C5	C6	C7	C8	C9
Prioritäten der Alternativen	0,1219	0,0228	0,1491	0,0522	0,0949	0,0516	0,2531	0,1284	0,1261
A1	0,2446	0,1163	0,2387	0,1898	0,1298	0,1205	0,3429	0,1941	0,0954
A2	0,2330	0,3739	0,3548	0,3523	0,3949	0,3028	0,2799	0,2231	0,2708
A3	0,2555	0,1631	0,1719	0,1931	0,1874	0,1672	0,1291	0,2953	0,1442
A4	0,1524	0,1088	0,1340	0,1508	0,1263	0,1047	0,1097	0,1647	0,0925
A5	0,1145	0,2380	0,1006	0,1139	0,1616	0,3048	0,1385	0,1227	0,3971

Die Formeln zur Berechnung der einzelnen Werte sind in Kapitel 4.2 aufgeführt. Zuerst wurden der Störungswert $\delta_{k,i,j}$ und dessen prozentuale Veränderung berechnet. Die errechneten Werte finden sich in Tabelle 13 und Tabelle 14.

Tabelle 13: $\delta_{k,i,j}$-Werte (absolute Änderungen in der Kriteriengewichtung)

	C1	C2	C3	C4	C5	C6	C7	C8	C9
A1 – A2	N/F	−0,2900	−0,6434	−0,4598	**−0,2817**	−0,4097	N/F	−2,5698	−0,4260
A1 – A3	−9,9515	−2,3320	N/F	−33,0382	−1,8928	−2,3375	N/F	−1,0781	−2,2413
A1 – A4	N/F	N/F	N/F	N/F	N/F	N/F	N/F	N/F	N/F

A1 – A5	N/F	-1,3814	N/F	N/F	-5,2765	-0,9116	N/F	N/F	-0,5571
A2 – A3	-1,5295	N/F	N/F	N/F	N/F	N/F	0,2286	-0,4775	N/F
A2 – A4	N/F	N/F	N/F	N/F	N/F	N/F	N/F	N/F	N/F
A2 – A5	N/F	N/F	N/F	N/F	N/F	-45,3938	N/F	N/F	-0,7389
A3 – A4	N/F	N/F	N/F	N/F	N/F	N/F	N/F	**0,1031**	N/F
A3 – A5	N/F	-0,7869	N/F	N/F	N/F	-0,4278	-6,2145	N/F	-0,2328
A4 – A5	N/F	-0,3517	N/F	N/F	-1,2866	-0,2270	-1,5730	N/F	-0,1491

Tabelle 14: $\delta'_{k,i,j}$-Werte (prozentuale Änderungen in der Kriteriengewichtung)

	C1	C2	C3	C4	C5	C6	C7	C8	C9
A1 – A2	N/F	-1273,7880	-431,6367	-880,9161	**-296,7879**	-794,6758	N/F	-2001,4003	-337,8415
A1 – A3	-8166,0468	10243,1937	N/F	63298,2814	-1994,0025	-4533,8168	N/F	-839,6697	-1777,2890
A1 – A4	N/F	N/F	N/F	N/F	N/F	N/F	N/F	N/F	N/F
A1 – A5	N/F	-6068,0258	N/F	N/F	-5558,7467	-1768,0673	N/F	N/F	-441,7486
A2 – A3	-1255,1105	N/F	N/F	N/F	N/F	N/F	90,3144	-371,9270	N/F
A2 – A4	N/F	N/F	N/F	N/F	N/F	N/F	N/F	N/F	N/F
A2 – A5	N/F	N/F	N/F	N/F	N/F	88045,1133	N/F	N/F	-585,9128
A3 – A4	N/F	N/F	N/F	N/F	N/F	N/F	N/F	**80,2702**	N/F
A3 – A5	N/F	-3456,4065	N/F	N/F	N/F	-829,7572	-2454,9820	N/F	-184,6017
A4 – A5	N/F	-1544,7833	N/F	N/F	-1355,4287	-440,3108	-621,4011	N/F	-118,2669

Bei der Interpretation der Ergebnisse bedeuten negative Werte eine Erhöhung und positive eine Reduktion. N/F steht für Not Feasible. Dieser Ausdruck weist darauf hin, dass der errechnete Wert nicht kleiner oder gleich dem zugehörigen Gewicht des Prioritätsvektors der Kriterien ist. Der Fokus bei der Auswertung liegt bei der prozentualen Veränderung, da sie besser geeignet ist, Veränderungen darzustellen, als absolute Änderungen [132].

Das Percent Top ist, wie schon zuvor angesprochen, der niedrigste absolute Wert aller Reihen, die mit der besten Alternative in Beziehung stehen, also das ausschlaggebende Element für Änderungen des Ranges dieser Alternative.

Hier ist die beste Alternative Technologie (A1). Das Percent Top ist der Wert 296,7879 %. Wenn sich nun das Kriterium Vorwegnahme künftiger Industriestandards/branchenspezifischer Entwicklungen (C5) um 296,7879 % erhöht, dann werden die Alternativen Technologie (A1) und Qualität (A2) vertauscht.

Für Percent Any, den niedrigsten Betragswert, der ausschlaggebend ist für eine Rang-vertauschung zwischen allen Alternativen, beträgt der Wert 80,2702 %.

Das heißt, eine Reduktion der Gewichtung des Kriteriums Mitarbeiterschutz, -zufrie-denheit (C8) um 80,2702 % führt zu einer Rangvertauschung zwischen Prozesse (A3) und Energieeffizienz (A4).

Das Absolute Top (AT) bezieht sich auf das Kriterium Vorwegnahme künftiger Indust-riestandards/branchenspezifischer Entwicklungen (C5) und kann bei einer Erhöhung um 0,2817 zu Rangvertauschung zwischen Technologie (A1) und Prozesse (A3) füh-ren.

Das Absolute Any (AA) betrifft das Kriterium Mitarbeiterzufriedenheit, -schutz (C8) und kann, falls es zu einer Reduktion um 0,1031 kommt, eine Rangvertauschung zwischen Prozesse (A3) und Energieeffizienz (A4) verursachen.

Wie anhand dieser Ergebnisse und Tabelle 14 zu sehen ist, müssten sich die Gewich-tungen stark verändern, um eine Rangvertauschung zu verursachen. Daraus lässt sich schließen, dass die Ergebnisse dieser Analyse robust sind.

Aus Tabelle 14 lässt sich die Kritikalität D_k für jedes Kriterium ableiten. Diese Werte finden sich in Tabelle 15.

Tabelle 15: Kritikalität D'_k

	C1	C2	C3	C4	C5	C6	C7	C8	C9
D_k	1255,1105	10243,1937	431,6367	880,9161	296,7879	440,3108	90,3144	80,2702	118,2669

Aus D'_k kann anschließend der Sensitivitätskoeffizient $sens\ (C_k)$ berechnet werden (s. Tabelle 16).

Tabelle 16: Sensitivitätskoeffizient $sens\ (C_k)$

	C1	C2	C3	C4	C5	C6	C7	C8	C9
$sens(C_k)$	0,000797	0,000098	0,002317	0,001135	0,003369	0,002271	0,002270	0,012460	0,008455

Es stellte sich heraus, dass Mitarbeiterzufriedenheit, -schutz (C8) das empfindlichste bzw. kritischste Kriterium ist, gefolgt von den Kriterien Umweltschutz/Nachhaltig-keit/Emissionsbilanz (C9), Vorwegnahme künftiger Industriestandards/branchenspezi-fischer Entwicklungen (C5), Wettbewerbsvorteile/Geschäftsmöglichkeiten (C3), Vor-wegnahme künftiger Gesetzesänderungen (C6), Kundenerwartung/Image/Reputation

(C7), Rückstand gegenüber Mitbewerbern aufholen (C4), erwarteter monetärer Nutzen (C1), staatliche Förderungen (monetär, steuerlich oder andere Formen der Unterstützung) (C2).

Die Sensitivitätsanalysen der verschiedenen Unternehmensgrößen sowie der Bereiche des verarbeitenden Gewerbes zeigten ebenfalls eine hinreichende Robustheit hinsichtlich der Ergebnisse. Die einzelnen Elemente müssten sich in der Regel um ein Vielfaches verändern, um eine Rangvertauschung zu verursachen. Eine Ausnahme bildeten kleine Unternehmen mit dem Kriterium Umweltschutz/Nachhaltigkeit/Emissionsbilanz (C9). Nicht ganz so robust war auch der Bereich Herstellung von Kraftwagen und -teilen mit dem Kriterium Mitarbeiterzufriedenheit, -schutz (C8). Auffällig ist, dass sich beim PT oft Technologie (A1) und Qualität (A2) vertauschen. Das kritischste Kriterium ist häufig Umweltschutz/Nachhaltigkeit/Emissionsbilanz (C9) (s. Tabelle 17). Für diese Untersuchung ist es ausreichend, das empfindlichste Kriterium jedes Bereiches und der verschiedenen Unternehmensgrößen zu nennen, da eine weitere Untersuchung der Rangfolge der kritischen Kriterien keine zusätzlichen Erkenntnisse brachte.

Tabelle 17: PT, PA sowie das kritischste Kriterium (verarbeitendes Gewerbe)

	PT	Bzgl.	Vertauschung	PA	Bzgl.	Vertauschung	Kritischstes Kriterium
Maschinenbau	56,43	C7	A1 – A2	56,43	C7	A1 – A2	C7
Herst. el. Ausrüstung	–228,31	C9	A1 – A2	68,19	C9	A3 – A4	C9
Herst. von Kraftwagen und –teilen	–26,22	C7	A1 – A2	–21,05	C8	A3 – A4	C8
Herst. von Datenverarbeitungsgeräten, elektronischen und opt. Erzeug.	–408,61	C3	A1 – A3	–53,90	C7	A2 – A3	C7
Rest	–276,67	C9	A1 – A5	–20,28	C9	A4 – A5	C9

Tabelle 18: PT, PA sowie das kritischste Kriterium (Unternehmensgrößen)

	PT	Bzgl.	Vertauschung	PA	Bzgl.	Vertauschung	Kritischstes Kriterium
Große	–263,94	C5	A1 – A2	–50,89	C8	A3 – A4	C9

| Mittlere | −218,16 | C3 | A1 − A3 | −25,18 | C7 | A2 − A3 | C7 |
| Kleine | 69,22 | C1 | A1 − A2 | −10,78 | C9 | A4 − A5 | C9 |

5   Diskussion

Aufgrund der Ergebnisse lassen sich die Optimierungsbereiche in zwei Gruppen einteilen: Bereiche, die den Unternehmenserfolg unmittelbar und langfristig sichern, und
diejenigen, die nur indirekt zum Unternehmenserfolg beitragen. Der direkte Unternehmenserfolg wird dabei mit einer Orientierung am Kunden gleichgesetzt. Der indirekte
Unternehmenserfolg wird vornehmlich mit Einsparungen verbunden. Es werden die
Optimierung der Technologien, der Qualität sowie der Prozesse der ersten Gruppe
zugeordnet sowie die Energieeffizienz und die Optimierung der Supply Chain der zweiten Gruppe.

Unternehmen sind in der Regel an einem unmittelbaren Erfolg orientiert. Aus diesem
Grund werden die dieser Gruppe zugeordneten Bereiche präferiert. Die Optimierung
der Technologie könnte deshalb an erster Stelle stehen, weil sie die anderen Bereiche
miteinbezieht. Sie entscheidet sowohl über die Qualität und die Prozessdauer als auch
über die Energieeffizienz. Die Rangordnung der Optimierung der Qualität und der Prozesse ist dann der Orientierung am Kunden geschuldet, der eine hohe Qualität bei
gleichzeitig kurzer Lieferdauer fordert. In manchen Branchen bzw. bei unterschiedlichen Unternehmensgrößen sind diese Bereiche vertauscht bzw. stehen fast an glei-
cher Stelle, was wiederum der spezifischen Kundenanforderungen geschuldet ist.
Dass die Optimierung der Energieeffizienz nicht auf den vordersten Plätzen liegt, war
schon früheren Publikationen zu entnehmen. Dass sie sich noch vor der Optimierung
der Supply Chain befindet, könnte darauf zurückzuführen sein, dass Unternehmen aufgrund von wissenschaftlichen Erkenntnissen, Publikationen oder Erfahrungswerten
davon ausgehen, dass die Einsparungen in diesem Bereich höher sind.

Kleine Abweichungen bei der Priorisierung der Investitionsbereiche können dadurch
erklärt werden, dass unterschiedliche Branchen und Unternehmensgrößen unterschiedliche Anforderungen haben. Beispielhaft genannt sei hier die Herstellung von
Datenverarbeitungsgeräten sowie elektronischen und optischen Erzeugnissen, wo die
Optimierung der Supply Chain vor der Optimierung der Energieeffizienz liegt. In diesen
Branchen könnten die Einsparungen durch Supply-Chain-Optimierung tatsächlich höher sein. Eine weitere Erklärung für die Abweichungen ist, dass die Befragten nicht mit
dem AHP vertraut waren.

Auch bei den bewerteten Kriterien zeigt sich das vorausschauende Handeln der Unternehmen. Kriterien, die langfristig den Unternehmenserfolg sichern, wurden besser
bewertet. Das Kriterium der Kundenorientierung wurde dabei als wichtigstes Kriterium
identifiziert. Eine Erklärung dafür ist auch hier, dass es andere Kriterien miteinbezieht,
wie z. B. Wettbewerbsvorteile, aber auch Mitarbeiterschutz, -zufriedenheit und den
Umweltschutz. Diese Kriterien folgen auf die Kundenorientierung, da sie ebenfalls
langfristig orientierte Kriterien sind.

Ein weiteres wichtiges Kriterium ist der monetäre Nutzen. Er findet sich im Mittelfeld wieder, da eine ausschließlich auf den monetären Nutzen ausgelegte Unternehmens-strategie ohne Berücksichtigung anderer Faktoren nicht funktionieren kann. Er trägt aber direkt langfristig zum Unternehmenserfolg bei. Er ist ein wichtiges Kriterium, ohne das ein Unternehmen nicht agieren kann, da es ohne ausreichende Liquidität nicht in der Lage ist, zu handeln. Die Kriterien Vorwegnahme künftiger Industriestan-dards/branchenspezifischer Entwicklungen, Rückstand gegenüber Mitbewerbern auf-holen sowie Vorwegnahme künftiger Gesetzesänderungen könnten deshalb geringer priorisiert sein, weil Unternehmen aus diesen Gründen keinen Investitionsbedarf se-hen. Der Ausblick auf staatliche Förderungen wurde so gut wie nicht berücksichtigt und scheint bei der Planung von Investitionsentscheidungen keine Rolle zu spielen.

Der Vergleich der statistischen Auswertung mit dem Ergebnis des AHP zeigte, dass die Verwendung einer Entscheidungsfindungsmethode zur Erlangung einer besseren respektive rationaleren Entscheidung sinnvoll sein kann.

Ein möglicher Kritikpunkt an der vorliegenden Arbeit könnte sein, dass der AHP voll-ständige Unabhängigkeit der Kriterien und Alternativen untereinander assumiert. Hier ist aber bei nicht allen Kriterien und Alternativen eine vollständige Unabhängigkeit ge-geben. Sollte diese Befragung noch einmal durchgeführt werden, könnte der Super-matrix-Ansatz dieses Problem lösen. Dieser Ansatz erweitert den AHP zum Analytic Network Process (ANP). Durch ihn ist es möglich, alle direkten und indirekten Einflüsse entlang der Pfade der Hierarchie bzw. dann des Netzwerkes zu erfassen. Eine Eig-nung muss aber ausführlich geprüft werden, da die Einfachheit des AHP darunter lei-det und der Umfang des verwendeten Fragebogens deutlich zunimmt, der dann von den Entscheidern abgelehnt werden könnte. Eine geringere Reliabilität als mit der hier verwendeten Methodik könnte die Folge sein [124; 112]. Eine weitere Anpassung kann dann auch bei den Kriterien durchgeführt werden. So können Kriterien mit einer sehr geringen Bewertung aus der Befragung ausgeschlossen werden. Zusätzlich ist es möglich, die Befragung in engerer Zusammenarbeit mit den befragten Experten durch-führen. Das heißt, dass zugunsten der Konsistenz die Kriterien schon im Vorfeld mit diesen eine Absprache erfolgt und die Befragung stationär, programmgestützt durch-geführt wird. Um die Konsistenz durch eine kürzere Bearbeitungszeit noch weiter zu verbessern, kann dann anstatt mit Paarvergleichen mit Skalen gearbeitet werden. Eine Eingrenzung auf bestimmte Branchen bzw. Unternehmensgrößen kann dann unter Umständen ebenfalls sinnvoll sein.

6   Zusammenfassung und Ausblick

In der vorliegenden Arbeit wird untersucht, welche Möglichkeiten existieren, um Energieeffizienz zu erreichen, und welche Barrieren Investitionen in diesem Bereich verhindern. Weiterhin wird beleuchtet, wie sich Unternehmen aktuell in Bezug auf Investitionen verhalten und wie diese Investitionen im Verhältnis zur Energieeffizienz stehen.

Des Weiteren wird mittels des AHP und anhand von Zusatzfragen untersucht, wie Optimierungsbereiche tatsächlich bei Investitionsentscheidungen in Unternehmen berücksichtigt werden. Im Rahmen des AHP wurden als Alternativen neben Energieeffizienzmaßnahmen die Bereiche Prozessoptimierung, Qualität, eingesetzte Technologien sowie Supply Chain definiert. Zur Bewertung wurden Kriterien eingesetzt, die bei Investitionsentscheidungen Berücksichtigung finden.

Nach der Befragung von Experten hat sich in einer statistischen Auswertung und einer Auswertung des AHP ergeben, dass die Optimierung der eingesetzten Technologie der wichtigste Investitionsbereich ist. Gefolgt wird dieser von den Bereichen Qualität, Prozesse, Energieeffizienz und letztlich Supply Chain. In einzelnen Branchen und bei unterschiedlichen Unternehmensgrößen kam es zu leicht abweichenden Ergebnissen.

Eine Erklärung für den höheren Stellenwert der Bereiche Technologie, Qualität und Prozesse ist die Kundenorientierung, die mitunter das wichtigste Kriterium der Unternehmen ist. Die Unternehmen versuchen in erster Linie, die Wünsche der Kunden zu erfüllen, da dies einen unmittelbaren Einfluss auf den Erfolg des Unternehmens hat.

Die große Bedeutung von neuer und innovativer Technologie und somit auch die hohe Bereitschaft, in diesen Bereich zu investieren, lässt sich dahin gehend begründen, dass diese auch über die Qualität des Produktes, die Energieeffizienz der Herstellung und zu einem gewissen Grad über die Effizienz und Wirtschaftlichkeit von Prozessen innerhalb des Unternehmens entscheidet.

Nicht unmittelbar zum Erfolg tragen jedoch Energieeffizienz und Supply Chain bei. Ihnen wurde im Rahmen der Befragung eine deutlich geringere Bedeutung im Hinblick auf Optimierungsmaßnahmen beigemessen. Die Bereitschaft, eher in Energieeffizienz als in Supply Chain zu investieren, kann in den vermutlich längerfristig größeren Einsparungen durch Energieeffizienzmaßnahmen begründet liegen.

Somit lässt sich schließen, dass aktuell immer zunächst in die Bereiche Technologie, Qualität und Prozesse investiert wird und dass Energieeffizienz und Supply Chain eine untergeordnete Rolle spielen, da vom Kunden hauptsächlich hohe Qualität und kurze Lieferzeiten gefordert werden. Sollte sich das Bewusstsein der Kunden zukünftig zugunsten einer energieeffizienten Produktion ändern, so wird sich dies auch im Investitionsverhalten der Unternehmen widerspiegeln.

Für die Vermarktung energieeffizienter Technologien bedeutet dies, dass herausgestellt werden muss, dass die Eigenschaften der energieeffizienten Technologie in Bezug auf Qualität und Prozesse genauso gute Ergebnisse erzielen wie ein vergleichbares reguläres Produkt und außerdem einen Zusatznutzen erzeugen. Es muss auch gezeigt werden, dass die höheren Investitionssummen durch längerfristige Einsparungen gerechtfertigt sind.

In zukünftigen Arbeiten kann durch qualitative Methoden ermittelt werden, ob die Interpretationen zutreffen oder ob es noch andere Erklärungen für die Priorisierung der Bereiche gibt. Wenn die Annahme, dass der Unternehmenserfolg sowie die Einsparungen über die Platzierung der Energieeffizienz und der Supply Chain entscheiden, zutrifft, kann auch untersucht werden, wie hoch mögliche Einsparungen im Vergleich in diesen Bereichen tatsächlich sind.

Literaturverzeichnis

[1]   ABELE, E. ; KUHRKE, B. ; ROTHENBÜCHER, S.: *Energieeffizienz spanender Werkzeugmaschinen.* In: *forschen* (2011), Nr. 1, S. 64–67. URL https://www.tu-darmstadt.de/media/illustrationen/referat_kommunikation/pub-likationen_km/themaforschung/2011_01/Seiten_64-67.pdf – Überprüfungsda-tum 2015-11-14

[2]   AGUARÓN, J. ; MORENO-JIMÉNEZ, J. M.: *Local stability intervals in the analytic hierarchy process.* In: *European Journal of Operational Research* 125 (2000), Nr. 1, S. 113–132

[3]   AGUARÓN, J. ; MORENO-JIMÉNEZ, J. M.: *The geometric consistency index : Ap-proximated thresholds.* In: *European Journal of Operational Research* 147 (2003), Nr. 1, S. 137–145

[4]   ALONSO, J. A. ; LAMATA, M. T.: Estimation of the random index in the analytic hierarchy process, Bd. 1. In: *Information Processing and Management of Un-certainty in Knowledge-Based Systems,* 2004, S. 317–322

[5]   ALONSO, J. A. ; LAMATA, M. T.: *Consistency in the analytic hierarchy process: a new approach.* In: *International Journal of Uncertainty, Fuzziness and Knowledge-Based Systems* 14 (2006), Nr. 04, S. 445–459

[6]   ARONSON, E. ; O'LEARY, M.: *The Relative Effectiveness of Models and Prompts on Energy Conservation : A Field Experiment in a Shower Room.* In: *JOURNAL OF ENVIRONMENTAL SYSTEMS* 12 (1982), Nr. 3, S. 219–224

[7]   BARJENBRUCH, M. ; Christian Försterling: Wasseraufbereitung : Kreislauffüh-rung von Wäschereiabwässern durch Wasseraufbereitung. In: *20. Magde-burger Logistiktage : Sichere und nachhaltige Logistik,* 2015, S. 165–170

[8]   BARZILAI, J.: *Deriving weights from pairwise comparison matrices.* In: *Journal of the Operational Research Society* 48 (1997), Nr. 12, S. 1226–1232

[9]   BARZILAI, J.: *Measurement and preference function modelling.* In: *International Transactions in Operational Research* 12 (2005), Nr. 2, S. 173–183

[10]   BARZILAI, J. ; COOK, W. D. ; GOLANY, B.: *Consistent weights for judgements matrices of the relative importance of alternatives.* In: *Operations research let-ters* 6 (1987), Nr. 3, S. 131–134

[11]   BARZILAI, J. ; GOLANY, B.: *Deriving weights from pairwise comparison matrices : The additive case.* In: *Operations research letters* 9 (1990), Nr. 6, S. 407–410

[12]   BAUERNHANSL, T.: *Energieeffizienz in Deutschland : eine Metastudie.* Berlin, Heidelberg : Springer Berlin Heidelberg, 2014

[13] BAUERNHANSL, T.: *Energieeffizienz als Wettbewerbsfaktor : Investitionen in die Zukunft*. Berlin, 4./5.11.2014. URL http://publica.fraunhofer.de/documents/N-319494.html – Überprüfungsdatum 2015-06-11

[14] BECKER, T.: *Prozesse in Produktion und Supply Chain optimieren*. 2., neu bearb. u. erw. Aufl. Berlin [u.a.] : Springer, 2008

[15] BELTON, V. ; GEAR, T.: *On a short-coming of Saaty's method of analytic hierarchies*. In: *Omega* 11 (1983), Nr. 3, S. 228–230

[16] BELTON, V. ; GEAR, T.: *The legitimacy of rank reversal—a comment*. In: *Omega* 13 (1985), Nr. 3, S. 143–144

[17] BLESL, M. ; KESSLER, A.: *Energieeffizienz in der Industrie*. Berlin, Heidelberg : Springer Berlin Heidelberg, 2013

[18] BRUNELLI, M.: *Introduction to the Analytic Hierarchy Process*. Cham : Springer International Publishing, 2015

[19] BRUNELLI, M. ; CRITCH, A. ; FEDRIZZI, M.: *A note on the proportionality between some consistency indices in the AHP*. In: *Applied Mathematics and Computation* 219 (2013), Nr. 14, S. 7901–7906

[20] BRUNELLI, M. ; FEDRIZZI, M.: *Axiomatic properties of inconsistency indices*. In: *J Oper Res Soc* 66 (2015), Nr. 1, S. 1–15. URL http://dx.doi.org/10.1057/jors.2013.135

[21] BRUNELLI, M. ; MEZEI, J.: *How different are ranking methods for fuzzy numbers? : A numerical study*. In: *International Journal of Approximate Reasoning* 54 (2013), Nr. 5, S. 627–639

[22] BUCKLEY, J. J.: *Fuzzy hierarchical analysis*. In: *Fuzzy Sets and Systems* 17 (1985), Nr. 3, S. 233–247

[23] BULLINGER, H.-J.: *Einführung in das Technologiemanagement*. Wiesbaden : Vieweg+Teubner Verlag, 1994

[24] Bundesministerium für Wirtschaft und Energie: *Gesamtausgabe der Energiedaten : Datensammlung des BMWi*. Letzte Aktualisierung 12.10.2015. URL http://www.bmwi.de/BMWi/Redaktion/Binaer/energie-daten-gesamt,property=blob,bereich=bmwi2012,sprache=de,rwb=true.xls – Überprüfungsdatum 2015-11-19

[25] BÜTTNER, R.: Imperfekte Information in Verhandlungsmechanismen. In: BÜTTNER, R. (Hrsg.): *Automatisierte Verhandlungen in Multi-Agenten-Systemen*. Wiesbaden : Gabler, 2011, S. 95–152

[26]   CARMONE, F. J. ; KARA, A. ; ZANAKIS, S. H.: *A Monte Carlo investigation of incomplete pairwise comparison matrices in AHP.* In: *European Journal of Operational Research* 102 (1997), Nr. 3, S. 538–553

[27]   CHEN, S.-J. ; HWANG, C.-L.: Fuzzy Multiple Attribute Decision Making Methods, Bd. 375. In: BECKMANN, M.; KRELLE, W.; CHEN, S.-J.; HWANG, C.-L. (Hrsg.): *Fuzzy Multiple Attribute Decision Making.* Berlin, Heidelberg : Springer Berlin Heidelberg, 1992 (Lecture Notes in Economics and Mathematical Systems), S. 289–486

[28]   CHOO, E. U. ; WEDLEY, W. C.: *A common framework for deriving preference values from pairwise comparison matrices.* In: *Computers & Operations Research* 31 (2004), Nr. 6, S. 893–908

[29]   Commerzbank AG: *Vorsicht versus Vision: Investitionsstrategien im Mittelstand : UnternehmerPerspektiven.* URL https://www.unternehmerperspektiven.de/media/up/studien/14__studie/14_studie_2014_final.pdf – Überprüfungsdatum 2015-10-22

[30]   CRAWFORD, G. ; WILLIAMS, C.: *A note on the analysis of subjective judgment matrices.* In: *Journal of Mathematical Psychology* 29 (1985), Nr. 4, S. 387–405

[31]   DEUTSCHE BANK: *Investitionsvorhaben 2. Halbjahr 2015.* September 2015

[32]   Deutsche Energie-Agentur: *Handbuch Energieeffiziente Querschnittstechnologien :* Deutsche Energie-Agentur, 2013 (Initiative Energieeffizienz Industrie & Gewerbe)

[33]   DODD, F. J. ; DONEGAN, H. A.: *Comparison of Prioritization Techniques Using Interhierarchy Mappings.* In: *The Journal of the Operational Research Society* 46 (1995), Nr. 4, S. p 492-498. URL http://www.jstor.org/stable/2584596

[34]   DONEGAN, H. A. ; DODD, F. J. ; MCMASTER, T. B. M.: *A New Approach to AHP Decision-Making.* In: *Journal of the Royal Statistical Society. Series D (The Statistician)* 41 (1992), Nr. 3, S. p 295-302. URL http://www.jstor.org/stable/2348551

[35]   DUBOIS, D. ; PRADE, H.: *Operations on fuzzy numbers.* In: *International Journal of systems science* 9 (1978), Nr. 6, S. 613–626

[36]   EUROPEAN COMMISSION, B.: *Flash Eurobarometer 342 (Small and Medium Enterprises, Resource Efficiency and Green Markets, wave 1).* Köln, März 2012

[37]   EUROPEAN COMMISSION (Brussels): *User guide to the SME definition.* Belgium, 2015

[38]   EVANS, J. R. ; MATHUR, A.: *The value of online surveys.* In: *Internet Research* 15 (2005), Nr. 2, S. 195–219

[39] FECHNER, G. T.: *Elemente der Psychophysik :* Breitkopf und Härtel, 1860 (Elemente der Psychophysik)

[40] FICHTNER, J.: *On deriving priority vectors from matrices of pairwise comparisons.* In: *Socio-Economic Planning Sciences* 20 (1986), Nr. 6, S. 341–345

[41] FLEITER, T. ; SCHLOMANN, B. ; EICHHAMMER, W.: *Energieverbrauch und CO2-Emissionen industrieller Prozesstechnologien: Einsparpotenziale, Hemmnisse und Instrumente,* 2013

[42] FLEITER, T. ; WORRELL, E. ; EICHHAMMER, W.: *Barriers to energy efficiency in industrial bottom-up energy demand models—A review.* In: *Renewable and Sustainable Energy Reviews* 15 (2011), Nr. 6, S. 3099–3111

[43] FOXES TEAM: *Tutorial of Numerical Analysis with Matrix.xla : Matricesand Linear Algebra.* 4. Aufl. Piombino, Italy, May 2004

[44] GALESIC, M. ; BOSNJAK, M.: *Effects of questionnaire length on participation and indicators of response quality in a web survey.* In: *Public Opinion Quarterly* 73 (2009), Nr. 2, S. 349–360

[45] GERMESHAUSEN, R. ; MASSIER, P. ; WÖLFING, N.: *Schwerpunkt Energiemarkt : Energiepreise stagnieren kurzfristig.* In: *ZEWnews* (2015), S. 12. URL http://ftp.zew.de/pub/zew-docs/zn/zn0715.pdf – Überprüfungsdatum 2015-11-18

[46] GERPOTT, T. J.: *Strategisches Technologie- und Innovationsmanagement.* 2., überarb. und erw. Aufl. Stuttgart : Schäffer-Poeschel, 2005 (Sammlung Poeschel 162)

[47] GESIS Leibniz Institut für Sozialwissenschaften: *Freie Software für Online-Umfragen.* URL http://www.gesis.org/unser-angebot/studien-planen/online-umfragen/software-fuer-online-befragungen/freie-software-open-source/ – Überprüfungsdatum 2015-10-11

[48] GOLDSTEIN, N. J. ; CIALDINI, R. B. ; GRISKEVICIUS, V.: *A Room with a Viewpoint : Using Social Norms to Motivate Environmental Conservation in Hotels.* In: *Journal of Consumer Research* 35 (2008), Nr. 3, S. 472–482

[49] GUSSEK, F. ; TOMCZAK, T.: *Ressourcenallokation mit dem "Analytic Hierarchy Process (AHP)" : Eine praktische Anwendung des AHP als "Decision Support-System" bei der Ressourcenverteilung auf die strategischen Geschäftsfelder einer Portfolio-Kategorie.* Berlin : Institut für Markt- und Verbrauchsforschung, 1988

[50] HADELER, T. ; WINTER, E. ; ARENTZEN, U.: *Gabler Wirtschaftslexikon / Taschenbuchausgabe: Die ganze Welt der Wirtschaft: Betriebswirtschaft, Volkswirtschaft, Recht und Steuern :* Gabler Verlag, 2013

[51]   HARKER, P. T.: *Alternative modes of questioning in the analytic hierarchy process.* In: *Mathematical Modelling* 9 (1987), 3-5, S. 353–360

[52]   HARKER, P. T.: *Incomplete pairwise comparisons in the analytic hierarchy process.* In: *Mathematical Modelling* 9 (1987), Nr. 11, S. 837–848

[53]   HARKER, P. T.: *Shortening the comparison process in the AHP.* In: *Mathematical Modelling* 8 (1987), S. 139–141

[54]   HARKER, P. T. ; VARGAS, L. G.: *The theory of ratio scale estimation: Saaty's analytic hierarchy process.* In: *Management science* 33 (1987), Nr. 11, S. 1383–
1403

[55]   HENDERSON, D. R.: *The concise encyclopedia of economics.* Indianapolis, Ind.
: Liberty Fund, 2008

[56]   HESSISCHES MINISTERIUM FÜR WIRTSCHAFT, ENERGIE, VERKEHR UND
LANDESENTWICKLUNG (Wiesbaden): *Praxisleitfaden : Energieeffizienz in der
Produktion.* 2. Aufl. Spangenberg, April 2011 (Schriftenreihe der Aktionslinie
Hessen-Umwelttech 8)

[57]   HIRST, E. ; BROWN, M.: *Closing the efficiency gap : Barriers to the efficient use
of energy.* In: *Resources, Conservation and Recycling* 3 (1990), Nr. 4, S. 267–
281

[58]   HIRZEL, S. ; ROHDE, C. ; AYDEMIR, A.: *Kurzstudie zur Prüfung der weiterführen-
den Förderung von Beleuchtungssystemen, die auf LED-Technik basieren im
Rahmen des Förderprogrammes „Investitionszuschüsse zum Einsatz hocheffi-
zienter Querschnittstechnologien im Mittelstand".* Karlsruhe, November 2014

[59]   HUIZINGH, E. K. ; VROLIJK, H. C.: *A Comparison of Verbal and Numerical Judgments in the Analytic Hierarchy Process.* In: *Organizational Behavior and Hu-
man Decision Processes* 70 (1997), Nr. 3, S. 237–247

[60]   INSTITUT FÜR ENERGIEEFFIZIENZ IN DER PRODUKTION (EEP) DER UNIVERSITÄT
STUTTGART: *2. Energieeffizienz-Index der deutschen Industrie : Zusammenfassung der Ergebnisse der ersten und zweiten Erhebung.* Stuttgart, August 2014

[61]   INSTITUT FÜR ENERGIEEFFIZIENZ IN DER PRODUKTION (EEP) DER UNIVERSITÄT
STUTTGART: *3. Energieeffizienz-Index der deutschen Industrie.* Stuttgart, Ja-
nuar 2015

[62]   INSTITUT FÜR ENERGIEEFFIZIENZ IN DER PRODUKTION (EEP) DER UNIVERSITÄT
STUTTGART: *4. Energieeffizienz-Index der deutschen Industrie : Ausgewählte
Ergebnisse der Erhebung Sommer 2015, 1. Halbjahr.* Stuttgart, Juni 2015

[63]   INSTITUT FÜR ENERGIEEFFIZIENZ IN DER PRODUKTION (EEP) DER UNIVERSITÄT
STUTTGART: *4. Energieeffizienz-Index der Universität Stuttgart erschienen :*

Getrübte Aussichten für die Energieeffizienz – Hohes Niveau wird nicht gehalten. Stuttgart, 19.06.2015. URL http://www.eep.uni-stuttgart.de/aktuelles/20/PM4_Energieeffizienz-Index.pdf – Überprüfungsdatum 2015-11-01

[64] ISHIZAKA, A.: *Clusters and pivots for evaluating a large numberof alternatives in AHP.* In: *Pesquisa Operacional* 32 (2012), Nr. 1, S. 87–102

[65] ISHIZAKA, A. ; BALKENBORG, D. ; KAPLAN, T.: *Does AHP help us make a choice? An experimental evaluation.* In: *Journal of the Operational Research Society* 62 (2011), Nr. 10, S. 1801–1812

[66] ISHIZAKA, A. ; LABIB, A.: *Review of the main developments in the analytic hierarchy process.* In: *Expert Systems with Applications* 38 (2011), Nr. 11, S. 14336–14345. URL http://www.sciencedirect.com/science/article/pii/S0957417411006701

[67] ISHIZAKA, A. ; LUSTI, M.: *An expert module to improve the consistency of AHP matrices.* In: *International Transactions in Operational Research* 11 (2004), Nr. 1, S. 97–105

[68] ISHIZAKA, A. ; LUSTI, M.: *How to derive priorities in AHP : A comparative study.* In: *Central European Journal of Operations Research* 14 (2006), Nr. 4, S. 387–400

[69] JAFFE, A. B. ; STAVINS, R. N.: *The energy paradox and the diffusion of conservation technology.* In: *Resource and Energy Economics* 16 (1994), Nr. 2, S. 91–122

[70] JAVIED, T. ; KREITLEIN, S. ; ESFANDYARI, A. ; FRANKE, J.: *Identification of Energy Consumption and Energy Saving Potentials of Electric Drive Systems.* In: *Applied Mechanics and Materials* 655 (2014), S. 21–26

[71] JI, P. ; JIANG, R.: *Scale Transitivity in the AHP.* In: *The Journal of the Operational Research Society* 54 (2003), Nr. 8, S. p 896-905. URL http://www.jstor.org/stable/4101660

[72] KFW BANKENGRUPPE ABTEILUNG VOLKSWIRTSCHAFT: *KfW-Mittelstandspanel 2015 : Mit steigender Zuversicht aus dem Investitionstief.* Frankfurt am Main, Oktober 2015

[73] KLIR, G. ; YUAN, B.: *Fuzzy sets and fuzzy logic :* Prentice Hall New Jersey, 1995 (4)

[74] KOCH, J. ; STÄMPFLE, M.: *Mathematik für das Ingenieurstudium : Mit 454 durchgerechneten Beispielen und 303 Aufgaben mit ausführlichen Lösungen im Internet.* München : Hanser, 2010

[75] LARSON, R.: *Elementary linear algebra.* 7th ed. Boston, MA : Brooks/Cole, Cengage Learning, 2013

[76]   LIN, C.-C.: *A revised framework for deriving preference values from pairwise comparison matrices.* In: *European Journal of Operational Research* 176 (2007), Nr. 2, S. 1145–1150

[77]   LUBORSKY, M. R. ; RUBINSTEIN, R. L.: *Sampling in Qualitative Research: Rationale, Issues, and Methods.* In: *Research on aging* 17 (1995), Nr. 1, S. 89–113

[78]   LÜTTERS, H.: *Online-Marktforschung.* Wiesbaden : Deutscher Universitätsverlag, 2004

[79]   MALEKI, H. ; ZAHIR, S.: *A Comprehensive Literature Review of the Rank Reversal Phenomenon in the Analytic Hierarchy Process.* In: *Journal of Multi-Criteria Decision Analysis* 20 (2013), 3-4, S. 141–155

[80]   Mark Mason: *Sample Size and Saturation in PhD Studies Using Qualitative Interviews.* In: *Forum Qualitative Sozialforschung / Forum: Qualitative Social Research* 11 (2010), Nr. 3. URL http://www.qualitative-research.net/index.php/fqs/article/view/1428

[81]   MILLET, I. ; HARKER, P. T.: *Globally effective questioning in the Analytic Hierarchy Process.* In: *European Journal of Operational Research* 48 (1990), Nr. 1, S. 88–97

[82]   MILLET, I. ; SAATY, T. L.: *On the relativity of relative measures – accommodating both rank preservation and rank reversals in the AHP.* In: *European Journal of Operational Research* 121 (2000), Nr. 1, S. 205–212

[83]   MISES, R. V. ; POLLACZEK-GEIRINGER, H.: *Praktische Verfahren der Gleichungsauflösung.* In: *ZAMM - Zeitschrift für Angewandte Mathematik und Mechanik* 9 (1929), Nr. 2, S. 152–164

[84]   MOHAMED, S. ; MCCOWAN, A. K.: *Modelling project investment decisions under uncertainty using possibility theory.* In: *International Journal of Project Management* 19 (2001), Nr. 4, S. 231–241

[85]   MÜLLER, E. ; ENGELMANN, J. ; LÖFFLER, T. ; STRAUCH, J.: *Energieeffiziente Fabriken planen und betreiben.* Berlin, Heidelberg : Springer Berlin Heidelberg, 2009

[86]   NEUGEBAUER, R.: *Handbuch Ressourcenorientierte Produktion :* Carl Hanser Verlag GmbH & Company KG, 2013 (Hanser eLibrary)

[87]   NEUMANN, J. von ; MORGENSTERN, O.: *Theory of games and economic behavior.* Princeton, NJ, US : Princeton University Press, 1944

[88]   OBATA, T. ; SHIRAISHI, S. ; DAIGO, M. ; NAKAJIMA, N.: Assessment for an incomplete comparison matrix and improvement of an inconsistent comparison:

computational experiments. In: *International Symposium on the Analytic Hierarchy Process,* 1999, S. 200–205

[89] OZDEMIR, M. S.: *Validity and inconsistency in the analytic hierarchy process.* In: *Applied Mathematics and Computation* 161 (2005), Nr. 3, S. 707–720

[90] PEHNT, M. ; ARENS, M. ; LEHR, U. ; DUSCHA, M. ; LUTZ, C. ; EICHHAMMER, W. ; PAAR, A. ; FLEITER, T. ; REITZE, F. ; GERSPACHER, A. ; SCHLOMANN, B. ; IDRISSOVA, F. ; SEEFELDT, F. ; JESSING, D. ; THAMLING, N. ; JOCHEM, E. ; TORO, F. ; KUTZNER, F. ; VOGT, R. ; LAMBRECHT, U. ; WENZEL, B. ; WÜNSCH, M.; BURHENNE, S. (Mitarb.); NEUMANN, C. (Mitarb.); FRISCH, S. (Mitarb.); NIKOL, C. (Mitarb.); HERKEL, S. (Mitarb.); UMBREIT, T. (Mitarb.); KRAMER, K. (Mitarb.); WALTER, J. (Mitarb.) : *Energieeffizienz: Potenziale, volkswirtschaftliche Effekte und innovative Handlungs- und Förderfelder für die Nationale Klimaschutzinitiative : Endbericht des Projektes „Wissenschaftliche Begleitforschung zu übergreifenden technischen, ökologischen, ökonomischen und strategischen Aspekten des nationalen Teils der Klimaschutzinitiative"*

[91] PELÁEZ, J. I. ; LAMATA, M. T.: *A new measure of consistency for positive reciprocal matrices.* In: *Computers & Mathematics with Applications* 46 (2003), Nr. 12, S. 1839–1845

[92] PETERS, M. L. ; ZELEWSKI, S.: *Möglichkeiten und Grenzen des „Analytic Hierarchy Process" (AHP) als Verfahren zur Wirtschaftlichkeitsanalyse.* In: *Zeitschrift für Planung & Unternehmenssteuerung* 15 (2004), S. 295–324

[93] PÖHJÖNEN, M. A. ; HÄMÄLÄINEN, R. P. ; Salo A. A.: *An Experiment on the Numerical Modelling of Verbal Ratio Statements.* In: *Journal of Multi-Criteria Decision Analysis* 6 (1997), Nr. 1, S. 1–10

[94] PRICEWATERHOUSECOOPERS (Berlin): *BDI/PWC-Mittelstandspanel : Die Digitalisierung im Mittelstand.* Juli 2015

[95] DIN EN ISO 9000. November 2015. *Qualitätsmanagementsysteme - Grundlagen und Begriffe*

[96] RAMÍK, J. ; KORVINY, P.: *Inconsistency of pair-wise comparison matrix with fuzzy elements based on geometric mean.* In: *Fuzzy Sets and Systems* 161 (2010), Nr. 11, S. 1604–1613

[97] ROHDIN, P. ; THOLLANDER, P. ; SOLDING, P.: *Barriers to and drivers for energy efficiency in the Swedish foundry industry.* In: *Energy Policy* 35 (2007), Nr. 1, S. 672–677

[98] ROMMELFANGER, H.: Fuzzy-Nutzwertanalyse und Fuzzy-AHP. In: MORLOCK, M.; SCHWINDT, C.; TRAUTMANN, N.; ZIMMERMANN, J. (Hrsg.): *Perspectives on Operations Research.* Wiesbaden : DUV, 2006, S. 403–423

[99]   SAATY, T. L.: *An eigenvalue allocation model for prioritization and planning.* In: *Energy Management and Policy Center, University of Pennsylvania* (1972), S. 28–31

[100]   SAATY, T. L.: *A scaling method for priorities in hierarchical structures.* In: *Journal of Mathematical Psychology* 15 (1977), Nr. 3, S. 234–281

[101]   SAATY, T. L.: *The analytic hierarchy process : Planning, priority setting, resource allocation.* New York, London : McGraw-Hill International Book Co, 1980

[102]   SAATY, T. L.: *Absolute and relative measurement with the AHP. The most livable cities in the United States.* In: *Socio-Economic Planning Sciences* 20 (1986), Nr. 6, S. 327–331

[103]   SAATY, T. L.: *Decision Making for Leaders: The Analytic Hierarchy Process for Decisions in a Complex World :* RWS Publications, 1990

[104]   SAATY, T. L.: *Eigenvector and logarithmic least squares.* In: *European Journal of Operational Research* 48 (1990), Nr. 1, S. 156–160

[105]   SAATY, T. L.: *Highlights and critical points in the theory and application of the analytic hierarchy process.* In: *European Journal of Operational Research* 74 (1994), Nr. 3, S. 426–447

[106]   SAATY, T. L. ; FORMAN, E. H.: *The hierarchon : A dictionary of hierarchies.* 1st ed. Pittsburgh, PA : RWS Pub, 1993 (Analytic hierarchy process series no. v)

[107]   SAATY, T. L. ; HU, G.: *Ranking by eigenvector versus other methods in the analytic hierarchy process.* In: *Applied Mathematics Letters* 11 (1998), Nr. 4, S. 121–125

[108]   SAATY, T. L. ; ÖZDEMIR, M. S.: *How Many Judges Should There Be in a Group?* In: *Annals of Data Science* 1 (2015), 3-4, S. 359–368

[109]   SAATY, T. L. ; TRAN, L. T.: *On the invalidity of fuzzifying numerical judgments in the Analytic Hierarchy Process.* In: *Mathematical and Computer Modelling* 46 (2007), 7-8, S. 962–975

[110]   SAATY, T. L. ; VARGAS, L. G.: *Comparison of eigenvalue, logarithmic least squares and least squares methods in estimating ratios.* In: *Mathematical Modelling* 5 (1984), Nr. 5, S. 309–324

[111]   SAATY, T. L. ; VARGAS, L. G.: *Modeling behavior in competition: the analytic hierarchy process.* In: *Applied Mathematics and Computation* 16 (1985), Nr. 1, S. 49–92

[112]   SAATY, T. L. ; VARGAS, L. G.: *Decision Making with the Analytic Network Process.* Boston, MA : Springer US, 2013 (195)

[113] SALO, A. A. ; HÄMÄLÄINEN, R. P.: *On the measurement of preferences in the analytic hierarchy process.* In: *Journal of Multi-Criteria Decision Analysis* 6 (1997), Nr. 6, S. 309–319

[114] SCHLEICH, J.: *The economics of energy efficiency: barriers to profitable investments.* In: *EIB papers* 12 (2007), Nr. 2, S. 82–109

[115] SCHMID, C.: *Energieeffizienz in Unternehmen: eine wissensbasierte Analyse von Einflussfaktoren und Instrumenten :* vdf, Hochsch.-Verlag an der ETH, 2004 (Wirtschaft, Energie, Umwelt)

[116] SCHMITZ, C.: *LimeSurvey - the most popular FOSS survey tool on the web.* URL https://www.limesurvey.org/en/ – Überprüfungsdatum 2015-10-11

[117] SCHNEIDER, D.: *Investition und Finanzierung: Lehrbuch der Investitions-, Finanzierungs- und Ungewißheitstheorie :* VS Verlag für Sozialwissenschaften, 2013 (Moderne Lehrtexte: Wirtschaftswissenschaften)

[118] SCHÖFBERGER, W.: *Abschaltbare Fabrik : Zentrale Leittechnik und Gesamtkonzept zu Energieeinsparungen und zur Ressourcenoptimierung im Standby Betrieb von Industrieanlagen.* In: *Berichte aus Energie-und Umweltforschung* 72 (2010). URL http://www.fabrikderzukunft.at/fdz_pdf/endbericht_1072_abschaltbare_fabrik.pdf – Überprüfungsdatum 2015-11-14

[119] SCHRATZ, M. ; GUPTA, C. ; STRUHS, T. J. ; GRAY, K.: Reducing energy and maintenance costs while improving light quality and reliability with led lighting technology. In: *Pulp and Paper Industry Technical Conference (PPIC), Conference Record of 2013 Annual IEEE,* 2013, S. 43–49

[120] SCHRÖTER, M. ; WEIßFLOCH, U. ; BUSCHAK, D.: *Energieeffizienz in der Produktion – Wunsch oder Wirklichkeit? : Energieeinsparpotenziale und Verbreitungsgrad energieeffizienter Techniken.* Karlsruhe, November 2009 (Mitteilungen aus der Erhebung Modernisierung der Produktion 51)

[121] SHEN, Y. ; HOERL, A. E. ; MCCONNELL, W.: *An incomplete design in the analytic hierarchy process.* In: *Mathematical and Computer Modelling* 16 (1992), Nr. 5, S. 121–129

[122] SHIRAISHI, S. ; OBATA, T.: *On a maximization problem arising from a positive reciprocal matrix in AHP.* In: *Bulletin of informatics and cybernetics* 34 (2002), Nr. 2, S. 91–96

[123] SHIRAISHI, S. ; OBATA, T. ; DAIGO, M.: *Properties of a positive reciprocal matrix and their application to AHP.* In: *Journal of the Operations Research Society of Japan-Keiei Kagaku* 41 (1998), Nr. 3, S. 404–414

[124] SOMMERHÄUSER, G.: *Unterstützung bankbetrieblicher Entscheidungen mit dem Analytic-Hierarchy-Process : Unter besonderer Berücksichtigung der Vertriebsformenwahl bei Kreditinstituten.* Berlin : Duncker & Humblot, 2000 (Untersuchungen über das Spar-, Giro- und Kreditwesen. Abteilung A, Wirtschaftswissenschaft Bd. 170)

[125] SORRELL, S.: *The economics of energy efficiency : Barriers to cost-effective investment.* Cheltenham : Edward Elgar, 2004

[126] SORRELL, S. ; SCHLEICH, J. ; SCOTT, S. ; O'MALLEY, E. ; TRACE, F. ; BOEDE, U. ; OSTERTAG, K. ; RADGEN, P.: *Reducing barriers to energy efficiency in public and private organizations : Final Report to the European Commission.* September 2000

[127] Statistisches Bundesamt (Destatis): *Gliederung der Klassifikation der Wirtschaftszweige, Ausgabe 2008 (WZ 2008).* URL https://www.destatis.de/DE/Methoden/Klassifikationen/GueterWirtschaftklassifikationen/klassifikationenwz2008.pdf?__blob=publicationFile – Überprüfungsdatum 2015-10-12

[128] STRÖHLE, J.: *Umweltschutz durch Abwasserrecycling und Wärmerückgewinnung in der Textilveredlung.* April 2008

[129] THOLLANDER, P. ; PALM, J. ; ROHDI, P.: Categorizing Barriers to Energy Efficiency – an Interdisciplinary Perspective. In: PALM, J. (Hrsg.): *Energy Efficiency :* Sciyo, 2010

[130] Thomas L. Saaty, Luis G. Vargas: *Models, Methods, Concepts & Applications of the Analytic Hierarchy Process.* 2. Aufl. : Springer US, 2012 (International Series in Operations Research & Management Science 175)

[131] THURSTONE, L. L.: *A law of comparative judgment.* In: *Psychological review* 34 (1927), Nr. 4, S. 273

[132] TRIANTAPHYLLOU, E. ; SÁNCHEZ, A.: *A sensitivity analysis approach for some deterministic multi-criteria decision-making methods.* In: *Decision Sciences* 28 (1997), S. 151–194

[133] VAN LAARHOVEN, P. ; PEDRYCZ, W.: *A fuzzy extension of Saaty's priority theory.* In: *Fuzzy Sets and Systems* 11 (1983), 1-3, S. 199–227

[134] VANVOORHIS, C. R. W. ; MORGAN, B. L.: *Understanding power and rules of thumb for determining sample sizes.* In: *Tutorials in Quantitative Methods for Psychology* 3 (2007), Nr. 2, S. 43–50

[135] WEDLEY, W. C.: *Fewer comparisons : Efficiency via sufficient redundancy, Bd. 29.* In: *International Symposium on the Analytic Hierarchy Process,* 2009, S. 1–15

[136] WEISS, E. N. ; RAO, V. R.: *AHP design issues for large scale systems.* In: *Decision Sciences* 18 (1987), Nr. 1, S. 43–61

[137] WERNER, H.: *Supply Chain Management : Grundlagen, Strategien, Instrumente und Controlling.* Wiesbaden : Springer Gabler, 2013

[138] WERNER, H.: *Kompakt Edition: Supply Chain Controlling : Grundlagen, Performance-Messung und Handlungsempfehlungen.* Wiesbaden : Springer Gabler, 2014

[139] ZADEH, L. A.: *Fuzzy sets.* In: *Information and control* 8 (1965), Nr. 3, S. 338–353

Anhang A

Sehr geehrte Damen und Herren,

vielen Dank für Ihre Bereitschaft an der folgenden Befragung teilzunehmen.

Worum geht es?

Das Investitionsverhalten für Energieeffizienz im Vergleich zu anderen Technologien und Optimierungspotentialen ist eher gering. Deshalb soll festgestellt werden, wie ausgewählte Bereiche in Bezug auf Investitionen in Optimierungsmaßnahmen priorisiert werden. Die Bereiche sind dabei Qualität, Technologie, Prozesse, Supply Chain sowie Energieeffizienz.

Ablauf

Insgesamt ist mit einer Bearbeitungszeit von **etwa 20 Minuten** zu rechnen. Im ersten Abschnitt werden Ihnen einleitende Fragen gestellt. In den darauf folgenden Abschnitten werden Ihnen Alternativen gezeigt, denen Sie in Vergleichen Ausprägungen zuordnen. Das heißt, diese werden auf einer Skala von 1 bis 9 gegeneinander bewertet. Die Bedeutung der Skalenwerte wird Ihnen auch während der Befragung angezeigt und ist wie folgt:

Skalenwert	Bedeutung
1	gleiche Bedeutung
3	etwas größere Bedeutung
5	deutlich größere Bedeutung
7	sehr viel größere Bedeutung
9	absolut dominierend
2, 4, 6, 8	Zwischenwerte

Was geschieht mit Ihren Daten?

Ihre Angaben werden streng vertraulich behandelt und dienen ausschließlich wissenschaftlichen Zwecken. Die Teilnahme an der Befragung ist völlig anonym. Ein Abbruch ist jederzeit ohne Angabe von Gründen möglich. Am Ende haben Sie die Möglichkeit Ihre E-Mail-Adresse zu hinterlassen, damit wir Ihnen die Ergebnisse der Befragung zusenden können. Ihre Email-Adresse wird unabhängig von Ihren Umfragedaten gespeichert, sodass keinerlei Rückschlüsse auf Ihre gemachten Angaben möglich sind und werden nach Beendigung der Erhebung gelöscht.

Bei Fragen oder Anmerkungen zu dieser Befragung wenden Sie sich bitte an

Anhang A - Abbildung 1

* Wie alt sind Sie?
In dieses Feld dürfen nur Zahlen eingegeben werden.

[   ]

Über wie viele Jahre der Berufserfahrung verfügen Sie insgesamt?
In dieses Feld dürfen nur Zahlen eingegeben werden.

[   ]

* Wie viele Mitarbeiter sind in Ihrem Unternehmen beschäftigt?
Bitte wählen Sie eine der folgenden Antworten:

○ weniger als 10

○ zwischen 10 und 49

○ zwischen 50 und 250

○ mehr als 250

* Welchem Gewerbe ordnen Sie ihr Unternehmen zu?
Bitte wählen Sie eine der folgenden Antworten:

○ Bergbau und Gewinnung von Steinen und Erden

○ Verarbeitendes Gewerbe

○ Energieversorgung

○ Wasserversorgung; Abwasser- und Abfallentsorgung und Beseitigung von
Umweltverschmutzungen

○ Baugewerbe

In welchen Bereich würden Sie in Bezug auf Optimierungsmaßnahmen am ehesten investieren?

Wenn Sie einen anderen als einen der hier genannten Bereiche präferieren, schreiben Sie diesen bitte in
das Kommentarfeld.

Bitte wählen Sie eine der folgenden Antworten:

○ Energieeffizienz   Bitte geben Sie hier Ihren Kommentar ein:

○ Prozesse   [   ]

○ Qualität   [   ]

○ Technologie   [   ]

○ Supply Chain

● keine Antwort

Anhang A - Abbildung 2

Kriterien - Teil 1 von 3

Unten sind in mehreren Vergleichen jeweils zwei Kriterien gegenübergestellt, die bei
Investitionsentscheidungen berücksichtigt werden.

Geben Sie nun bitte an, um wie viel Sie das eine Kriterium im Vergleich zum jeweils anderen präferieren.

	9	8	7	6	5	4	3	2	1	2	3	4	5	6	7	8	9	
Erwarteter monetärer Nutzen	○	○	○	○	○	○	○	○	○	○	○	○	○	○	○	○	○	Staatliche Förderungen (monetär, steuerlich oder andere Formen der Unterstützung)
Staatliche Förderungen (monetär, steuerlich oder andere Formen der Unterstützung)	○	○	○	○	○	○	○	○	○	○	○	○	○	○	○	○	○	Wettbewerbsvorteile/ Geschäftsmöglichkeiten
Wettbewerbsvorteile/ Geschäftsmöglichkeiten	○	○	○	○	○	○	○	○	○	○	○	○	○	○	○	○	○	Rückstand gegenüber Mitbewerbern aufholen
Erwarteter monetärer Nutzen	○	○	○	○	○	○	○	○	○	○	○	○	○	○	○	○	○	Wettbewerbsvorteile/ Geschäftsmöglichkeiten
Staatliche Förderungen (monetär, steuerlich oder andere Formen der Unterstützung)	○	○	○	○	○	○	○	○	○	○	○	○	○	○	○	○	○	Rückstand gegenüber Mitbewerbern aufholen
Erwarteter monetärer Nutzen	○	○	○	○	○	○	○	○	○	○	○	○	○	○	○	○	○	Rückstand gegenüber Mitbewerbern aufholen

Anhang A - Abbildung 3

Kriterien - Teil 2 von 3

Unten sind in mehreren Vergleichen jeweils zwei Kriterien gegenübergestellt, die bei
Investitionsentscheidungen berücksichtigt werden.

Geben Sie nun bitte an, um wie viel Sie das eine Kriterium im Vergleich zum jeweils anderen präferieren.

	9 8 7 6 5 4 3 2 1 2 3 4 5 6 7 8 9	
Rückstand gegenüber Mitbewerbern aufholen	○ ○ ○ ○ ○ ○ ○ ○ ○ ○ ○ ○ ○ ○ ○ ○ ○	Vorwegnahme künftiger Industriestandards/ branchenspezifischer Entwicklungen
Vorwegnahme künftiger Industriestandards/ branchenspezifischer Entwicklungen	○ ○ ○ ○ ○ ○ ○ ○ ○ ○ ○ ○ ○ ○ ○ ○ ○	Vorwegnahme künftiger Gesetzesänderungen
Vorwegnahme künftiger Gesetzesänderungen	○ ○ ○ ○ ○ ○ ○ ○ ○ ○ ○ ○ ○ ○ ○ ○ ○	Kundenerwartung/ Image/ Reputation
Rückstand gegenüber Mitbewerbern aufholen	○ ○ ○ ○ ○ ○ ○ ○ ○ ○ ○ ○ ○ ○ ○ ○ ○	Vorwegnahme künftiger Gesetzesänderungen
Vorwegnahme künftiger Industriestandards/ branchenspezifischer Entwicklungen	○ ○ ○ ○ ○ ○ ○ ○ ○ ○ ○ ○ ○ ○ ○ ○ ○	Kundenerwartung/ Image/ Reputation
Rückstand gegenüber Mitbewerbern aufholen	○ ○ ○ ○ ○ ○ ○ ○ ○ ○ ○ ○ ○ ○ ○ ○ ○	Kundenerwartung/ Image/ Reputation

Anhang A - Abbildung 4

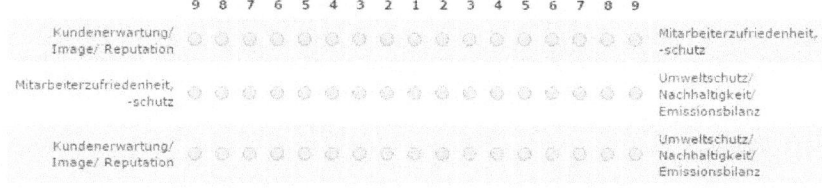

Kriterien - Teil 3 von 3

Unten sind in mehreren Vergleichen jeweils zwei Kriterien gegenübergestellt, die bei Investitionsentscheidungen berücksichtigt werden.

Geben Sie nun bitte an, um wie viel Sie das eine Kriterium im Vergleich zum jeweils anderen präferieren.

	9	8	7	6	5	4	3	2	1	2	3	4	5	6	7	8	9	
Kundenerwartung/ Image/ Reputation	○	○	○	○	○	○	○	○	○	○	○	○	○	○	○	○	○	Mitarbeiterzufriedenheit, -schutz
Mitarbeiterzufriedenheit, -schutz	○	○	○	○	○	○	○	○	○	○	○	○	○	○	○	○	○	Umweltschutz/ Nachhaltigkeit/ Emissionsbilanz
Kundenerwartung/ Image/ Reputation	○	○	○	○	○	○	○	○	○	○	○	○	○	○	○	○	○	Umweltschutz/ Nachhaltigkeit/ Emissionsbilanz

Anhang A - Abbildung 5

Erwarteter monetärer Nutzen

Bitte bewerten Sie unter dem Aspekt, in welchem Bereich Sie nach erfolgten Investitionen in Optimierungsmaßnahmen den <u>höheren monetären Nutzen</u> erwarten.

Geben Sie an, welchen Bereich Sie dabei im Vergleich zum jeweils anderen höher bewerten und um wie viel.

	9	8	7	6	5	4	3	2	1	2	3	4	5	6	7	8	9	
Qualität	○	○	○	○	○	○	○	○	○	○	○	○	○	○	○	○	○	Technologie
Technologie	○	○	○	○	○	○	○	○	○	○	○	○	○	○	○	○	○	Prozesse
Qualität	○	○	○	○	○	○	○	○	○	○	○	○	○	○	○	○	○	Prozesse
Prozesse	○	○	○	○	○	○	○	○	○	○	○	○	○	○	○	○	○	Supply Chain
Supply Chain	○	○	○	○	○	○	○	○	○	○	○	○	○	○	○	○	○	Energieeffizienz
Prozesse	○	○	○	○	○	○	○	○	○	○	○	○	○	○	○	○	○	Energieeffizienz

Anhang A - Abbildung 6

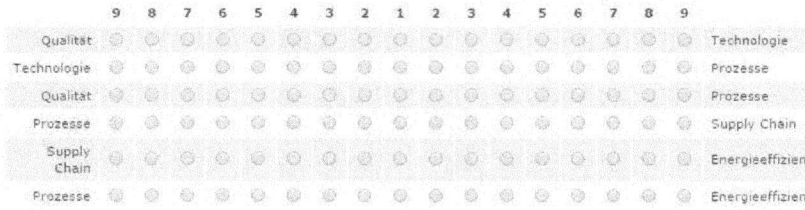

Staatliche Förderungen (monetär, steuerlich oder andere Formen der Unterstützung)

Bitte bewerten Sie unter dem Aspekt, welcher Bereich nach erfolgten Investitionen in Optimierungsmaßnahmen besonders von staatlichen Förderungen (monetär, steuerlich oder andere Formen staatlicher Unterstützung) profitiert.

Geben Sie an, welchen Bereich Sie dabei im Vergleich zum jeweils anderen höher bewerten und um wie viel.

	9	8	7	6	5	4	3	2	1	2	3	4	5	6	7	8	9	
Qualität	○	○	○	○	○	○	○	○	○	○	○	○	○	○	○	○	○	Technologie
Technologie	○	○	○	○	○	○	○	○	○	○	○	○	○	○	○	○	○	Prozesse
Qualität	○	○	○	○	○	○	○	○	○	○	○	○	○	○	○	○	○	Prozesse
Prozesse	○	○	○	○	○	○	○	○	○	○	○	○	○	○	○	○	○	Supply Chain
Supply Chain	○	○	○	○	○	○	○	○	○	○	○	○	○	○	○	○	○	Energieeffizienz
Prozesse	○	○	○	○	○	○	○	○	○	○	○	○	○	○	○	○	○	Energieeffizienz

Anhang A - Abbildung 7

Wettbewerbsvorteile/ Geschäftsmöglichkeiten

Bitte bewerten Sie unter dem Aspekt, welcher Bereich nach erfolgten Investitionen in Optimierungsmaßnahmen im Vergleich zum jeweils anderen mehr bzw. bessere Geschäftsmöglichkeiten/ Wettbewerbsvorteile generiert.

Geben Sie an, welchen Bereich Sie dabei im Vergleich zum jeweils anderen höher bewerten und um wie viel.

	9	8	7	6	5	4	3	2	1	2	3	4	5	6	7	8	9	
Qualität	○	○	○	○	○	○	○	○	○	○	○	○	○	○	○	○	○	Technologie
Technologie	○	○	○	○	○	○	○	○	○	○	○	○	○	○	○	○	○	Prozesse
Qualität	○	○	○	○	○	○	○	○	○	○	○	○	○	○	○	○	○	Prozesse
Prozesse	○	○	○	○	○	○	○	○	○	○	○	○	○	○	○	○	○	Supply Chain
Supply Chain	○	○	○	○	○	○	○	○	○	○	○	○	○	○	○	○	○	Energieeffizienz
Prozesse	○	○	○	○	○	○	○	○	○	○	○	○	○	○	○	○	○	Energieeffizienz

Anhang A - Abbildung 8

Rückstand gegenüber Mitbewerbern aufholen

Bitte bewerten Sie unter dem Aspekt, in welchem Bereich durch Investitionen in Optimierungsmaßnahmen ein Rückstand gegenüber Mitbewerbern aufgeholt werden kann.

Geben Sie an, welchen Bereich Sie dabei im Vergleich zum jeweils anderen höher bewerten und um wie viel.

	9	8	7	6	5	4	3	2	1	2	3	4	5	6	7	8	9	
Qualität	○	○	○	○	○	○	○	○	○	○	○	○	○	○	○	○	○	Technologie
Technologie	○	○	○	○	○	○	○	○	○	○	○	○	○	○	○	○	○	Prozesse
Qualität	○	○	○	○	○	○	○	○	○	○	○	○	○	○	○	○	○	Prozesse
Prozesse	○	○	○	○	○	○	○	○	○	○	○	○	○	○	○	○	○	Supply Chain
Supply Chain	○	○	○	○	○	○	○	○	○	○	○	○	○	○	○	○	○	Energieeffizienz
Prozesse	○	○	○	○	○	○	○	○	○	○	○	○	○	○	○	○	○	Energieeffizienz

Anhang A - Abbildung 9

Vorwegnahme künftiger Industriestandards/ branchenspezifischer Entwicklungen

Bitte bewerten Sie unter dem Aspekt, in welchem Bereich durch Investitionen in Optimierungsmaßnahmen künftige Industriestandards/ branchenspezifische Entwicklungen vorweggenommen werden können.

Geben Sie an, welchen Bereich Sie dabei im Vergleich zum jeweils anderen höher bewerten und um wie viel.

	9	8	7	6	5	4	3	2	1	2	3	4	5	6	7	8	9	
Qualität	○	○	○	○	○	○	○	○	○	○	○	○	○	○	○	○	○	Technologie
Technologie	○	○	○	○	○	○	○	○	○	○	○	○	○	○	○	○	○	Prozesse
Qualität	○	○	○	○	○	○	○	○	○	○	○	○	○	○	○	○	○	Prozesse
Prozesse	○	○	○	○	○	○	○	○	○	○	○	○	○	○	○	○	○	Supply Chain
Supply Chain	○	○	○	○	○	○	○	○	○	○	○	○	○	○	○	○	○	Energieeffizienz
Prozesse	○	○	○	○	○	○	○	○	○	○	○	○	○	○	○	○	○	Energieeffizienz

Anhang A - Abbildung 10

Vorwegnahme künftiger Gesetzesänderungen

Bitte bewerten Sie unter dem Aspekt, in welchem Bereich durch Investitionen in Optimierungsmaßnahmen künftige Gesetzesänderungen vorweggenommen werden können.

Geben Sie an, welchen Bereich Sie dabei im Vergleich zum jeweils anderen höher bewerten und um wie viel.

	9	8	7	6	5	4	3	2	1	2	3	4	5	6	7	8	9	
Qualität	○	○	○	○	○	○	○	○	○	○	○	○	○	○	○	○	○	Technologie
Technologie	○	○	○	○	○	○	○	○	○	○	○	○	○	○	○	○	○	Prozesse
Qualität	○	○	○	○	○	○	○	○	○	○	○	○	○	○	○	○	○	Prozesse
Prozesse	○	○	○	○	○	○	○	○	○	○	○	○	○	○	○	○	○	Supply Chain
Supply Chain	○	○	○	○	○	○	○	○	○	○	○	○	○	○	○	○	○	Energieeffizienz
Prozesse	○	○	○	○	○	○	○	○	○	○	○	○	○	○	○	○	○	Energieeffizienz

Anhang A - Abbildung 11

Kundenerwartung/ Image/ Reputation

Bitte bewerten Sie unter dem Aspekt, welcher Bereich nach erfolgten Investitionen in Optimierungsmaßnahmen besser Kundenerwartungen erfüllen kann bzw. zu einem besseren Image bzw. einer besseren Reputation beiträgt.

Geben Sie an, welchen Bereich Sie dabei im Vergleich zum jeweils anderen höher bewerten und um wie viel.

	9	8	7	6	5	4	3	2	1	2	3	4	5	6	7	8	9	
Qualität	○	○	○	○	○	○	○	○	○	○	○	○	○	○	○	○	○	Technologie
Technologie	○	○	○	○	○	○	○	○	○	○	○	○	○	○	○	○	○	Prozesse
Qualität	○	○	○	○	○	○	○	○	○	○	○	○	○	○	○	○	○	Prozesse
Prozesse	○	○	○	○	○	○	○	○	○	○	○	○	○	○	○	○	○	Supply Chain
Supply Chain	○	○	○	○	○	○	○	○	○	○	○	○	○	○	○	○	○	Energieeffizienz
Prozesse	○	○	○	○	○	○	○	○	○	○	○	○	○	○	○	○	○	Energieeffizienz

Anhang A - Abbildung 12

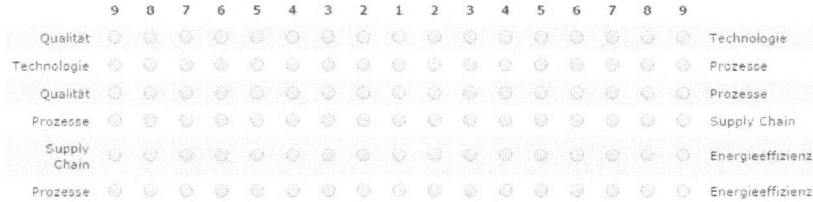

Mitarbeiterzufriedenheit, -schutz

Bitte bewerten Sie unter dem Aspekt, welcher Bereich nach erfolgten Investitionen in Optimierungsmaßnahmen besser zur Mitarbeiterzufriedenheit und zum -schutz beiträgt.

Geben Sie an, welchen Bereich Sie dabei im Vergleich zum jeweils anderen höher bewerten und um wie viel.

	9	8	7	6	5	4	3	2	1	2	3	4	5	6	7	8	9	
Qualität	○	○	○	○	○	○	○	○	○	○	○	○	○	○	○	○	○	Technologie
Technologie	○	○	○	○	○	○	○	○	○	○	○	○	○	○	○	○	○	Prozesse
Qualität	○	○	○	○	○	○	○	○	○	○	○	○	○	○	○	○	○	Prozesse
Prozesse	○	○	○	○	○	○	○	○	○	○	○	○	○	○	○	○	○	Supply Chain
Supply Chain	○	○	○	○	○	○	○	○	○	○	○	○	○	○	○	○	○	Energieeffizienz
Prozesse	○	○	○	○	○	○	○	○	○	○	○	○	○	○	○	○	○	Energieeffizienz

Anhang A - Abbildung 13

Umweltschutz/ Nachhaltigkeit/ Emissionsbilanz

Bitte bewerten Sie unter dem Aspekt, welcher Bereich nach erfolgten Investitionen in Optimierungsmaßnahmen besser zum Umweltschutz, zur Nachhaltigkeit beziehungsweise einer besseren Emissionsbilanz beiträgt.

Geben Sie an, welchen Bereich Sie dabei im Vergleich zum jeweils anderen höher bewerten und um wie viel.

	9	8	7	6	5	4	3	2	1	2	3	4	5	6	7	8	9	
Qualität	○	○	○	○	○	○	○	○	○	○	○	○	○	○	○	○	○	Technologie
Technologie	○	○	○	○	○	○	○	○	○	○	○	○	○	○	○	○	○	Prozesse
Qualität	○	○	○	○	○	○	○	○	○	○	○	○	○	○	○	○	○	Prozesse
Prozesse	○	○	○	○	○	○	○	○	○	○	○	○	○	○	○	○	○	Supply Chain
Supply Chain	○	○	○	○	○	○	○	○	○	○	○	○	○	○	○	○	○	Energieeffizienz
Prozesse	○	○	○	○	○	○	○	○	○	○	○	○	○	○	○	○	○	Energieeffizienz

Anhang A - Abbildung 14